山东教育出版社

图书在版编目（CIP）数据

陪伴是最好的教育 / 叶子丽著. — 济南：山东教育出版社，2018（2020.9重印）
ISBN 978-7-5328-9771-1

Ⅰ. ①陪… Ⅱ. ①叶… Ⅲ. ①儿童教育－家庭教育
Ⅳ. ①G782

中国版本图书馆CIP数据核字（2017）第130925号

PEIBAN SHI ZUIHAO DE JIAOYU
陪伴是最好的教育
叶子丽 著

主管单位：山东出版传媒股份有限公司
出版发行：山东教育出版社
地址：济南市纬一路321号 邮编：250001
电话：（0531）82092660 网址：www.sjs.com.cn
印 刷：济南万方盛景印刷有限公司
版 次：2018 年 3 月第 1 版
印 次：2020 年 9 月第 9 次印刷
开 本：710 毫米 × 1000 毫米 1/16
印 张：12
印 数：44001–46000
字 数：140 千
定 价：28.00 元

序言

家长是孩子人生的第一任老师，也是他们终身成长的老师。每个孩子的成长都会深受家庭教育的影响，父母的科学教育和引导是孩子正确规划人生航程的灯塔，具有不可替代的特殊作用。

孟母三迁、曾子杀彘的故事，《三字经》所云“子不教，父之过”，无不诠释着古人的家庭教育观。中国教育学会家庭教育专业委员会理事长赵忠心指出：没有家庭教育理论的指导，家庭教育科学知识的普及也会出现盲目性。随着经济社会的发展、社会环境和家庭结构的变化，现代家庭教育出现了许多需要关注的问题，对孩子过高的期望值、孩子成长面临的诸多诱惑、新媒体造成的亲子沟通鸿沟、多元价值观对家庭教育的冲击等，给父母正确有效地进行家庭教育提出了挑战。我们既要继承历史，更要适应时代，既要着眼个人成长，更要着眼社会需求，引导父母进行科学、正确的家庭教育成为时代发展的必需。

济南市章丘区教师进修学校叶子丽老师的《陪伴是最好的教育》正是基于这样的背景而写作的。该书立足家庭教育理论和实践，试图在家庭教育方面给予父母以诸多启发，在娓娓叙谈中教给家长如何在玩耍中培养孩子良好习惯、在学习上引导孩子建立正确的价值观、在成长中以自我成长促进孩子的进步。三个不同的层面涵盖了生活和学习，关照当下和未来，既有微观的思考，又有宏观的把握，既有理论的指导，更有实践的体验，在循循善诱间让每一个家有儿女者都能产生共鸣，收获启发。尤其有两点更是切中了教育的关键：其一，作者强调“陪伴是最好的教育”，始终在告诫家长——“陪孩子一起”，一起游戏、一起学习、一起成长，让家长把自己置于与孩子同等的立场和环境，树立了以儿童为本的家庭教育观；其二，作者始终以“说心里话”的口吻去阐述自己的家教理念和教育观念，在这样的语境中，教育成为良好的沟通、温暖的倾诉、心灵的默契和情感的交融，让方法和举措变成了关怀，让提醒和告诫成为爱的传递。唯其两点，润物细无声中，让我们的家庭教育闪现出智慧的光芒、规律的严谨和人文的魅力。

近年来，在章丘教育“全面育人，育全面人”理念指引下，在注重学生习惯养成和综合素养的大背景下，老师们积极探索，在指导家庭教育、教师专业成长和探秘学生心理方面，总结经验、探究规律，结出了丰硕的教研成果，为全面提升育人质量奠定了坚实的基础。我们真诚地希望，每一名教育工作者都能潜下心来，研究教育，提升专业，育人成长，给学生以生活学习的指导，给教师以教育智慧的分享，给家长以家庭教育的借鉴，给社会以教育资源的奉献。我们更真诚地希望，在我们的共同努力下，有更多的孩子乘着章丘教育的东风振翅高飞，翱翔在人生理想的天宇。这正是我们倡导广大教师“用真心，下实功，当名师，育英才”的目的和意义所在。

目录

开篇的话

一位资深班主任曾说过这样一句话："同一个班级，孩子之间的竞争，归根结底是家长综合素质和付出心力的竞争。当人们说这个孩子和那个孩子的不同时，其实主要是指这个家长和那个家长的不同。"

毋庸讳言，在当前这个浮躁的大环境下，不少孩子从出生到长大的过程，是在父母的焦虑、限制、恐慌中走过来的。一些年轻的父母还没有做好当父母的准备就成为人父人母，孩子更是在父母、祖父母、外祖父母等家人的万般期待、呵护下来到了这个世界。当幼小的婴儿睁开眼睛的那一刻，看到的是许多双寄予厚望的眼睛和堆积如山的营养品、玩具。而这时家长们最大的希望就是孩子能健康长大，平安幸福。

很快，孩子就到了上幼儿园、小学、中学乃至大学的年龄。随着孩子渐渐地长大，家长对孩子的期望值越来越高，要求也越来越严，对孩子的希望也从健康平安逐渐升级为出人头地。孩子的父母从最初的暖爸柔妈逐渐变成了“狼爸虎妈”，言语不再那么温柔，情绪也不再那么平和，有的甚至发展到时常和孩子怒目相对，争吵打骂，个别甚至还出现了拔刀相向的情形。

这些改变是从何而起的呢？它的深层次的原因是什么呢？我们做父母的又需要反思哪些行为？作为家长，我们究竟应该怎么做才能让孩子更优秀呢？

下面，我根据自己的一些体会和多年的积累，就以上问题，来和大家说说心里话。

本书共分为三个篇章：陪孩子一起玩耍；陪孩子一起学习；陪孩子一起成长。但其主题只有一个，那就是：陪伴是最好的教育！

上篇

陪孩子一起玩耍

玩耍，看似简单有趣，但会玩耍、能玩好就不是人人能做到的了。那么到底应该怎么陪孩子玩耍呢?

关于讲故事

听故事，是每个孩子成长过程中必不可少的一个环节。父母在给孩子讲故事的过程中既能发展亲子关系，又能帮助孩子养成良好的习惯和认知。然而，现在的很多父母经常以忙为借口，不给孩子讲故事了，或者即便讲故事，也不得要领。

例如，有的家长在给孩子讲故事时，经常是讲一些父母小时候的故事，讲孙悟空与猪八戒的故事，或讲一些逸闻趣事。过了一段时间，再去和孩子沟通时，就发现孩子将所听到的故事串成了一锅粥，张冠李戴，形不成完整的故事情节。这实际上是家长在讲故事时只注重了故事的趣味性和吸引力，而没有给孩子一个完整的故事概念。还有的家长，实在是没得讲了，就信口雌黄、天马行空、胡编乱造，讲着讲着就讲不下去了，没法自圆其说，被孩子问得张口结舌，慢慢地孩子就会怀疑家长说的话了。

讲故事，如果不注意方式方法，就不能收到好的效果，孩子良好的习惯和认知也就不能培养起来，长大后一些不良学习习惯和认知能力差的问题就会逐渐显现出来。当发现问题的时候，家长往往还意识不到是自身的原因，而认为是孩子有问题。这时，便盲目求教于专家或生搬硬套采取其他家长的一些做法来教育孩子，迫使孩子按照父母的意愿去改

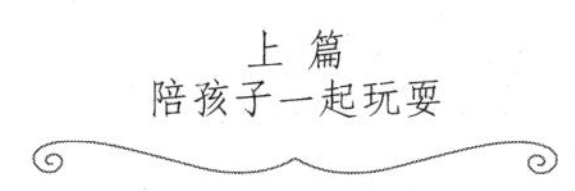

变现状，其结果也往往是事倍功半。

其实，教育不是一蹴而就的事情，良好的行为习惯和学习能力是从小培养的，是从孩子能听懂大人讲话开始的。这是一个循序渐进的过程，更是一种潜移默化的浸透。讲故事既符合孩子的心理需求，又能在讲故事的过程中循循善诱、因势利导，逐步发现和培养孩子的兴趣、爱好、特长。

作为家长，我也遇到过类似的困惑。那段时间，孩子经常把各种人物、故事混在一起。究竟怎么回事呢？经过一段时间的反思后，我找到了问题的症结。我及时调整思路，改变了策略，开始给孩子买故事书，然后按照书上的故事，一篇一篇地讲给孩子听。开始的时候，是每天给孩子讲一个故事，但是几天后发现，孩子当时听得有滋有味，再让他重复这几天讲的故事时，几乎是一个也连贯不起来，甚至经常相互“穿越”，根本无法形成一个完整的故事。于是，我又改变了讲故事的方法，不再是每天都讲新的故事，而是一个故事讲几天或更长，直至孩子能基本复述出来。这样孩子听到的故事越来越多，对每个故事掌握得也越来越完整、详细。

另外，在讲书上的故事时，我总是有意识地用手指指着书上的图和字，一幅一幅、一个一个，绘声绘色地讲给孩子听，这样孩子的眼睛能跟着大人的手指在书上滑动，他更能体会到书本带来的愉悦和快乐，在潜移默化中慢慢地爱上书本。

当孩子对一个故事已经有了完整的认知后，我就有意识地让孩子锻炼着复述故事。在这个过程中尽量让孩子复述完整的故事情节，并及时表扬和鼓励孩子。当孩子有一些情节想不起来的时候，我不是在旁提醒，而是拿起书本尽量让孩子自己去找出这个情节，然后和孩子一起看，帮他回忆，让孩子养成不会就看书的好习惯。慢慢地，孩子就能完整地讲述这个故事了。这时我就鼓励孩子去讲给其他人听，像周围的小朋友、家中的老人等，以培养孩子的语言表达能力和在人群中自然表现的能力。

一个故事讲完整了，再开始下一个故事，一本故事书讲完了，再带着孩子一起去买第二本故事书。随着时间的推移，孩子在不知不觉间就喜欢上了读书，并在读书中找到了乐趣。同时孩子的完整认知能力和良好的学习习惯也得到了有效的培养和锻炼。

其实，这就是对孩子最好的启蒙和教育，也是孩子逐步形成良好学习习惯的开端。

看似简单的讲故事，最需要的是家长持之以恒的态度和不厌其烦的坚持。因为孩子会经常纠缠着家长给讲故事听，对讲过的故事不感兴趣了，也会纠缠着讲新故事。此时，如果一些家长因为自己的心情不好或工作累了，采取不耐烦的态度敷衍孩子，随便给孩子讲一个小故事，或者是心不在焉地打发了孩子，这样几次后孩子就显得急躁和无所适从，慢慢地对故事的兴趣就会淡化。习惯一旦养成，在以后的学习中孩子也会找各种各样的借口去放弃，再改变就很难了。

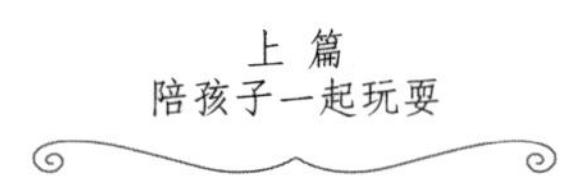

关于玩游戏

孩子沉溺于网络、手机而不能自拔的情况，是我接触的家长中诉求最多也是学生中比较普遍的现象。这些东西对有些孩子来说，如同毒瘾一样戒不了，最终严重影响到学业，乃至高中毕业了还待在家里无所事事。甚至有些学霸型的孩子也会沉溺其中，熬夜玩网络游戏，虽然还不至于影响到他们的学习，但对身体健康的影响是不容忽视的。

从发展心理学的角度看，孩子小的时候最依赖父母，也最容易受到父母的影响。因此，“管孩子”在这个时期最有效。当然，这种管，不能简单粗暴，有的家长只是要求孩子不能这样、不能那样，却不知道该怎样让孩子远离这些诱惑，孩子也不明确到底自己该怎么做才是对的。另外，网络和手机的普及，也不是家长说限制就能限制得了的，也不可能让孩子生活在真空中，一味地限制往往适得其反。其实，这个问题解决起来并不像我们想象得那么难，只要父母和孩子一起参加各种有意义的活动，转移孩子的注意力就可以了。而现在的父母，往往是“从小惯，长大管”，真出现问题了，反而管不了了。

那么，如何把握、对待玩游戏这个问题呢?

玩游戏，是人人热衷的一项活动，也是现代生活中必不可少的一种娱乐项目。从孩提时代，人们就开始接触和参与各种游戏，包括户外游戏、亲子游戏、网络游戏等。但是，一旦成为人父人母，怎样玩游戏、怎样陪孩子玩游戏、玩哪些游戏、如何引导孩子玩游戏，就成了年轻父母的必修课，这也往往是年轻父母们最为头疼的一项工作。幼儿期还好，父母觉得孩子小就应该让孩子玩游戏，父母也有足够的耐心去陪孩子玩各种游戏。但是随着幼儿的长大，孩子的要求在逐渐地提高，玩游戏的欲望也越来越强。同时，有些年轻父母受一些网络游戏的吸引，也沉溺于游戏中，就不再把陪孩子玩游戏当成一件乐事，而是能推就推，甚至想方设法让孩子自己去玩。有的父母甚至给孩子买一个游戏机或电脑，让他自己去玩。当发现孩子玩上瘾而离不开游戏的时候，又采取强制措施，强行没收电脑或手机，想硬给孩子扭过来，其实已经晚了。这时候，家长就满世界去找专家、找老师来解决孩子的网瘾或玩瘾。在各种办法都试过而无明显效果的时候，家长和孩子的矛盾就会逐渐升级而出现各种无法预料的结果。

其实，玩是人类的天性。即使是一个耄耋老人也是玩心不退的，何况孩子呢。如何正确看待和引导孩子玩游戏才是家长们需要学习的一件事情。

年轻父母大都经历过20世纪90年代的游戏，现在回想起来会觉得那时候的游戏根本无法和现在的游戏比，就是一些哄小孩玩的把戏。但在当时，那可是大家追逐的对象，也是小朋友们聚在一起谈论的主要话题。那时候什么《魂斗罗》《超级玛丽》等算是最先进的游戏了，也吸引了从三四岁到十四五岁的大部分孩子。有些家庭条件好一点的就给孩子买一个游戏机在家里玩，条件不允许的或为了限制孩子玩游戏而没买游戏机的，孩子就只能到外面的游戏厅去玩了。而这两种情况都曾经出

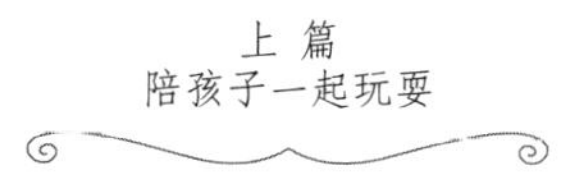

现过很多问题，网瘾问题正是从那个时候开始引起社会重视的。

我们先来看看在家里玩游戏的孩子通常会出现什么情况吧。通常是家长做家长的事，孩子自己对着电视机玩游戏，过一关就向家长报喜一次，好让家长来分享他们的快乐。但是有的家长会说："去去去，自己玩去，别烦我。""给你买了游戏机就是让你自己好好玩的，别动不动就来烦我。"几次之后，孩子就不再向家长报喜了。家里一旦没有人来分享他们的成功和快乐，他们往往就会去找其他小朋友玩，或直接去游戏厅，那种气氛和场合更加吸引孩子们。从此孩子们开始迷恋游戏而不能自拔，而家长再想把他们拉回来就很难了。

不给孩子买游戏机的家庭，本来是想限制孩子玩游戏的，但玩游戏的话题已成为孩子们课余时间的主要谈资，再加上游戏的巨大吸引力，结果反而直接把孩子推向了游戏厅，当发现问题时却难以解决了。

我的一个朋友是个老师，她丈夫在政府机关工作，家庭条件还是不错的。孩子刚上小学时，由于害怕游戏机会影响孩子学习，她就坚决不给孩子买，无论孩子怎样哀求都无济于事。在一个偶然的机会，孩子的小伙伴约她的孩子到游戏厅去玩游戏，这一玩就一发不可收拾了。每天孩子都会编各种瞎话去骗父母，一放学就钻到游戏厅里玩个昏天黑地，每次他父亲不揪着他耳朵根本叫不回来。没办法，孩子的父母只好给他转学，转到离父亲上班的地点很近的一所小学。每天父亲看着孩子进了校门才离开，放学前准时到学校门口去接回家。这下父母以为孩子再没有时间去游戏厅了，应该可以好好学习、按时完成作业了，家长终于可以喘口气了。没承想，一天，学校老师给父亲打来了电话，说孩子怎么好几天没上学了呢？是家里有事还是孩子病了？这时候父亲愣住了，不可能啊，每天都看着他走进学校，怎么会没上学呢？第二天，当父亲看着孩子背着书包走进学校后没有接着离开，而是藏在一棵大树后面。好嘛，一会儿工夫孩子就出来了，径直走进了一个公厕里，待了一会儿，两手空空地走了出来，四处看看撒腿就跑。父亲在后面紧跟着孩子，眼睁睁地看着孩子跑进了游戏厅。父亲那个气啊，进去就把孩子揪了出来，然后来到公厕里把书包从搁架上拿下来，连打带踢地把孩子带回了家。可是孩子回来了，心却留在了游戏厅里。以后这个家长采取了各种各样的方法和措施也没有解决好孩子的网瘾问题，孩子最后连初中都没有毕业。

可以说，这种现象当时并不是个别现象，而是带有一定的普遍性。这件事的整个过程我是非常清楚的，结果也是很令人痛心的。

我开始针对这个问题进行思考。如何正确引导孩子，让孩子能在游戏和学习中找到平衡，让孩子不沉溺于游戏而不能自拔？

经过反复思考，我觉得一味地限制和管束是不行的，社会大环境摆在那儿，以后电子设备的发展会更迅猛，我们不可能不让孩子接触现代化的产品，更不可能给孩子创造一个所谓的与世隔绝的世外桃源。孩子要生存、要发展就必须接触社会、走进社会，同时要使用各种先进的电子设备及众多媒体。因此，只有有效疏导才能避免出现大的失误。让孩子有一个正确的认识以及使用现代产品的自控能力，比一味地限制和管束要长久得多。

想好以后，我就给孩子买了一个游戏机，同时还买了几张游戏卡。游戏机是双键的，买双键的目的就是我要陪他玩。游戏卡是当时最流行的，价钱也很贵，每张都要200多元，比游戏机还贵。在那个时候，家里有一台18英寸的彩色电视机就算是不错了，一台一千多块钱呢，而我这一次性就投入了一千多，在当时的情况下可以说是震惊了相当一部分家长的。他们不理解，为了孩子玩耍投入这么大，不怕孩子沉溺其中吗？那可是花了钱又有很大风险的事情啊。

不过我想，与其让孩子自己到游戏厅去玩，不如让他在家玩尽兴了，这样我们更容易掌控他。毕竟玩游戏容易上瘾，一旦脱离了我们的视野，后果也是很难想象的。同时我在想，这些游戏都是些通关游戏，一旦他把所有关卡都打通了，以后就不再对这些游戏抱有神秘感了，也就不会再沉溺其中了。之所以投入这么大，另一个原因就是不想让孩子看出来我是在敷衍他，用这个小伎俩限制他出去玩。我给他的感觉就是尽管玩，还要求他一定要玩好，最好能打通所有的关卡。当然前提是我们俩一起玩，并且进行比赛，看谁能最终赢得胜利。这样，我们开始了纯玩的阶段。只要玩游戏就不提任何和学习有关的事情，也不拿玩游戏来给孩子提其他的要求，就是好好玩，集中精力使出浑身解数去玩，去通关。毕竟父母是成年人，玩这些初级游戏还是游刃有余的。当孩子在敬佩、羡慕的心态下去跟父母玩电游的时候，他玩的兴趣和技巧水平也在渐增，一旦游戏通关成功，当孩子和其他小朋友在一起聊起游戏的时候，就觉得他们玩的太小儿科了，他也就不屑于和小朋友们去玩了。当玩到一定级别以后，慢慢地孩子就不像当初那么好奇了，也不再整天纠缠着大人，电游在他的心里逐渐产生了不过如此的看法，电游的神秘感、吸引力也不再那么强烈了，更多的课余时间是出去找小伙伴玩其他的游戏了，如摔卡包、轮滑等。

随着科技的进步和多媒体的发展，游戏也在不断革新和演变，电脑游戏在20世纪末开始进入寻常百姓家。当时的电脑游戏也是一种插卡的游戏，是独立完成的而不是现在这种网络真人游戏，但也很有吸引力，特别是跟游戏同步的卡片又成了孩子们凑在一起必玩的游戏，变为他们聊天的主题。

这时候，一些家长已经意识到这些游戏也有可能会让孩子上瘾，就采取限制的办法，不给孩子买游戏卡和游戏卡片，不让孩子接触电脑，认为这样就可以避免孩子上瘾。结果，一些孩子用零花钱或压岁钱去偷偷买游戏卡或卡片，在家里不能玩就跑到网吧或同学家去玩。等孩子上瘾了，家长又无能为力了。

我反其道而行之，与时俱进地买了电脑，并在大家还不是很了解286、386是怎么回事的时候，开始了自我家庭训练。每天对着电脑学习拼音打字，练速度、练指法。我的目的很明确，就是比孩子早接触这些新鲜事物。当孩子要学的时候，我作为家长已经能够比较熟练地操作电脑了，这样孩子就总是用羡慕的眼光而不是一种不屑的眼神看待家长。

随着孩子的长大，我陪孩子一起玩电游、玩卡片的要求也不一样了。在玩的过程中不再一味地去满足孩子的玩心，而是开始定一些规矩、提一些要求。比如，每天玩游戏的时间是固定的，不能超时；每天玩的游戏要有一定的进步，不能总是重复过去的水平；不能在自己的卧室玩，要在客厅里玩或和家长一起玩；不能到游戏厅或网吧去玩；需要什么告诉家长，由家长来买；等等。当然这些规章是在和孩子协商以后制定的。制度一旦制定并被孩子认可，就坚定地执行下去，这样才能培养孩子遵守制度的习惯，也能培养孩子自我约束和自我管理的能力。

经过陪孩子玩游戏这样一个阶段，不但没有影响孩子的学习和成

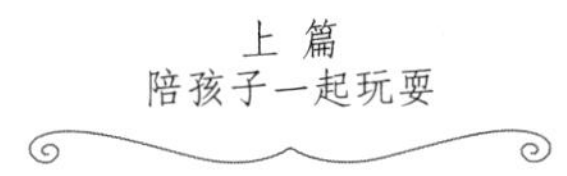

长，反而让孩子在玩游戏的过程中培养和学到了一些良好习惯和认知能力。而我也在这些游戏中，学会了打字，学会了和孩子沟通，同时也摸清了孩子的心理动态和发展趋势。最重要的是，在陪孩子玩游戏的过程中，与孩子建立了平等的、容易沟通的、更加亲密的母子关系，自然也就没有了那种严厉的、隔阂的、紧张的母子关系。家庭气氛更加和谐，孩子的成长也就更加健康和积极向上了。对此，我将它归于共同玩游戏的结果，也是我们共同成长的结果。

我很欣慰，我成了孩子的朋友而不单单是家长！

那么现在的孩子是不是很像当年的我们？家长的限制和管束是不是那时候的我们最反感的事情？既然是，那就放下家长的架子，和孩子做朋友，陪孩子一起玩游戏吧。

关于看电视

电视，从20世纪七八十年代开始进入了寻常百姓的家。随着生活水平的提高，家电产品也越来越多了起来，许多家庭都购买了两台以上电视机，以及各种电子设备，如随身听、MP3、MP4、iPad、电脑、网络电视、智能手机等。各种高科技的产品越来越多，各种各样的节目也更加丰富多彩，电子产品对我们生活的影响越来越大，孩子成长过程中面临的诱惑和干扰也越来越难以抵挡。

过去，全家人看一台电视，为了争看自己喜欢的节目，遥控器被抢来抢去。每个人对一个节目、事件或人物的看法也不尽一致，仁者见仁，智者见智，虽然闹出了不少的矛盾，但全家人经常会围绕着一个核心或主题展开讨论，经常有说不完的话题。经过争论，有的学会了放弃，有的选择了坚持，有的保持了中立。最后，通过协商往往能达成一致。家庭气氛就在这争论中变得活跃融洽、其乐融融。一段时间之后，再想想当时的争论更是回味无穷，让人念念不忘。

而现在，电视不再是争抢的焦点了。面对各种娱乐方式，各取所需，自得其乐。有看电视的，有玩手机的，有玩iPad的，有用电脑上网的。甚至聚会、外出就餐也不再像以前那样欢天喜地、畅所欲言，气氛也不再那么活跃，每个人都沉浸在个人喜欢的电子设备中。没有了争吵

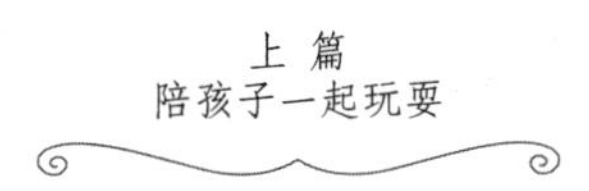

和抢夺，没有了交流和沟通，没有了语言和思想上的碰撞，甚至被人打扰的话还会出现烦躁的情绪。人人开始变得封闭、孤僻甚至自私。久而久之，家庭成员之间的关系也不再那么亲密、融洽，慢慢地就会越来越疏远，有的甚至会导致亲情之间的隔阂。这样既不利于家庭的和睦，也会引起家庭成员的情绪变化，尤其对于孩子的成长极为不利。

而这种显而易见的事情，有些年轻父母却不当回事。下班回家后手机不离手，连走路吃饭都不离手机。孩子想跟爸爸妈妈玩会儿，父母们却不耐烦地让孩子自己去玩；有的父母虽然抱着孩子，但是眼睛仍然盯着手机，和孩子根本就没有眼神的交流和语言的沟通；而有的父母也可能会先和孩子亲热一会儿，几分钟后就又拿起手机或坐到电脑前自顾自地玩起来了，根本不考虑孩子的感受。

孩子失望、失落的情绪不断积累，时间长了，他们就会沉浸在个人的世界中。好多家长咨询的时候，总是说："不管你和他说什么，他的眼睛就没离开过手机或电脑，我把网给他断了，手机给他摔了，还是不行，也不知道他从哪里又弄来了一个手机，根本不听我们的，回家就关上卧室门，到底在里面干什么，我们也不知道，吃饭叫几遍都叫不出来，真是气死人了。"

我们来看看这些家长的话，对照一下自己的所作所为，是不是我们的影响造成的？是不是家长平时也是手机不离手，抱着孩子一起看电脑、看手机呢？

还有些家长说，我回家就忙着做饭，根本没空玩手机、玩电脑，可是孩子也是自顾自地玩这些，真拿孩子没办法。

我们再来看看这部分家长的做法，他们在厨房忙着做饭，让孩子一个人在客厅看电视或玩电脑、手机，家长可能已经给他们选择好了少儿节目或下载了孩子喜爱的节目，觉得有这些好的动画片陪着孩子，孩子就不会寂寞，也不会纠缠家长了。等做好了饭，家长就三遍五遍地催促孩子吃饭，结果是孩子充耳不闻，最后家长过来揪着耳朵硬把孩子拉到饭桌上，孩子的眼睛、耳朵和心思却仍然在电视节目或电脑上。

有的家长为了不让孩子打扰自己，专门给孩子买了手机、iPad等电子设备，给孩子下载一些动画片或儿童节目。家长觉得这招挺管用的，孩子确实不再纠缠大人了，安静地玩着这些设备，看着那些吸引人的节目。可是，一旦上了学，课堂再没有了这些吸引人的节目，取而代之的是紧张的学习氛围和严格的约束，孩子会很难融入这个群体中。自闭、自私、孤独等表现逐渐显露出来了。家长开始着急，老师也一而再地叫家长。批评、打骂、没收所有的电子设备等招数都用尽了，结果收效甚微。

以上这些情况的产生，其根本原因是孩子缺乏亲情的照顾。在孩子需要陪伴和呵护的时期，家长没有做好，使孩子在成长过程中出现了不可挽回的亲情空白期，他们只好将这种需求转移到其他方面，从而影响了孩子的健康成长。当他们逐渐长大以后，就会出现一些难以解决的问题和烦恼。

其实，这种现象也是不难解决的。只要家长陪伴在孩子身边，让他们在浓浓的亲情下成长，就不容易出现这样那样的问题。而这些陪伴就是在和孩子一起吃饭、看电视、玩耍等日常生活中自然实现的。

我还记得在儿子很小的时候，我们全家人一起看动画片的情景。动画片《葫芦娃》《大头儿子小头爸爸》《阿童木》《樱桃小丸子》等，都是全家人一起看的。随着剧情的进展，我们一起为剧中的人物担心，

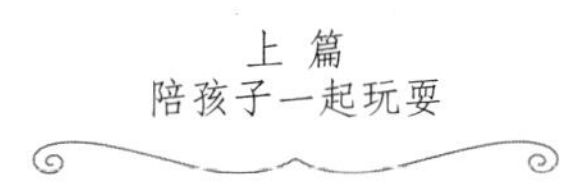

也会为一个开心的画面而大笑。为了活跃气氛，甚至会给全家人起一些动画片中人物的名字。看完了节目也会和孩子讨论谁更好谁更坏，常常在吃饭的时候因说起一些有趣的情节而笑作一团。这些情景现在孩子提起来仍是幸福满满的。

后来《猫和老鼠》在中央台开播，这是我们全家特别喜欢的一个节目。每到播出时间，不管有什么事，几乎都要推掉，全家人围坐在一起看节目。杰克和汤姆的顽皮和争斗的情景，更是伴随我们度过了一段段非常美好的时光。直到现在，一旦看到播出《猫和老鼠》，我们还会津津有味地看起来，回忆那时候的点点滴滴，让幸福的感受重新回到我们的身边。

随着孩子渐渐地长大、上学，这类动画片就不再适合孩子的年龄，也就不再是我们一起看的节目了。这时候，美国的电视系列剧《成长的烦恼》在电视台播出了。剧中麦克顽皮活泼的特性很像我的孩子，美国家长对孩子各阶段出现的问题的处理方法，给了我们一些有益的启示和引导。这个剧又成了我们家的必看节目，几乎是任何事都要为它让路。这是我们全家的节目，也是我们共同的话题。

看着这些愉快而有益的节目，孩子也自然、顺利、愉快而健康地成长起来。伴随着孩子的成长，我们也逐渐地成熟了起来，逐步学会了一些教育和培养孩子的方法。比如，如何正确处理与孩子的沟通问题，如何对孩子进行青春期教育问题，如何面对孩子的小秘密，如何保护孩子的自尊心，如何培养孩子的自信心，如何引导和培养孩子的兴趣爱好，等等。

孩子的问题其实主要是家庭的问题，更是父母的问题。父母是孩子最早的启蒙老师和人生导师，只要家庭问题解决好了，孩子的问题就会迎刃而解。

我之所以建议大家陪孩子一起看电视，实际上就是给家庭创造一个温馨的环境，让亲情充满整个房间，让孩子在温暖的氛围中健康成长。更重要的是，电视节目是有时间段的，节目结束后，我们该干什么就干什么去，它对我们的影响和干扰并没有想象得那么大。而我们的手机、iPad、电脑等，就不那么容易控制，如果你不放下，节目就会连续不断，甚至下载了以后，可以一气看好长时间，对于那些自控力差的孩子，不采取强制措施很难说放下就放下。这样就不利于孩子建立正确的时间观念，会使孩子养成一拖再拖的毛病。当然，这并不是说这些东西就一无是处，也并非是要孩子完全杜绝或远离这些设备，而是要做好引导，帮孩子把握好度，让娱乐重点和兴趣爱好有所选择或转移。

也许有些家长会说，动画片的播出时间正好是他们做饭、吃饭的时间，如果都去看电视了，谁做饭呢?！这个矛盾如何解决呢？还有些家长要求孩子放学回家后，必须先写作业，写完作业才能看电视，而孩子刚开始看电视，或者刚看到高兴的时候就被叫去吃饭，他们完全没有自我选择的权利，也没有时间完整地看一段自己喜欢的节目。那么，家长应该想一想，如果我们正看到一些热闹的场面或很吸引人的情节，这时候被其他人打断，我们会心平气和吗？我们是马上放下还是坚持看完？如果我们做不到，为什么要求孩子做到?

所以说，如果有好的尤其是对孩子有益的电视节目，我建议全家一起观看。看完后家长去做饭，孩子去做作业，也未尝不可。在吃饭的时候全家人再围绕孩子感兴趣的话题共同讨论，共同回味一下节目中精彩的内容，这样才能让家庭充满幸福而不是敌意，才能让孩子身心得到解放而不是束缚。这些应该是每位家长所希望的，也是孩子们所期盼的。不是吗?

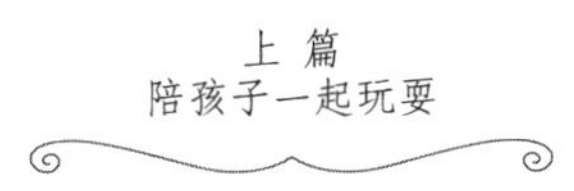

关于户外活动

随着生活水平的提高和住房条件的改善，大家住进了封闭的楼房里，而高层、超高层楼的出现，使得人们的交往，尤其是邻里之间的交往减少了许多，孩子们放学之后的活动范围和交往渠道受到了很大的限制。出门进电梯，进门就封闭，这样的状态成了现在孩子们的生活常态。假日里或放学后，孩子们和同龄人一起玩纸牌、叠罗汉、捉迷藏等传统游戏的场面在城市中已经绝迹，取而代之的是家长带着孩子到超市欢乐角、公园游乐场、旅游景点去寻找玩伴和乐趣了。当然这些地方的出现，适应了现在孩子的生长环境和条件，也是孩子成长所需要的场合，家长们乐意带孩子去活动或旅游，孩子更是盼望着这些时刻。但就是在这些娱乐场景中，我却发现了一些不和谐的音符。比如，孩子小点的，家长就会不断地嘱咐孩子不能这样、不能那样，这里脏那里危险等，使得孩子不能放开手脚去体验快乐和自由；而大一点的孩子，只要出去，家长必得提前布置作业，要求孩子回来后要写一篇游记或随笔，要记住一些文物古迹及它们的历史渊源；还有些家长，看到自己认为有价值的东西就忙不迭地把孩子叫到跟前教育一番。这时候你再看看孩子，一脸的不情愿，低着头，搓着手，再没有了旅游的快乐和亲近大自然的冲动了。他们的心里一定是很别扭的，也对以后的出游不再那么渴望了。当家长又一次喜洋洋地计划出游的时候，孩子们就只剩下无奈和无语了。

这是去郊游的公交车上发生的一幕：孩子的母亲不断地让孩子看车窗外的景色，嘴里不停地在说，这些黄色的迎春花多漂亮，你在写作文的时候要多描绘一下；再看那些玉兰花，有白色的、粉色的，含苞待放，真美啊，你写的时候用“春姑娘”来了，春风把玉兰花都吹害羞了这样的句子；你再看那些柳树都发芽了，春天就是万物生长的季节，就像你们这些小孩一样；你要记住看到的这些景色，把它们都写到作文当中去；一会儿我们到了樱花谷，你更要集中精力去看，去体会，然后才能把作文写得生动有趣。一路上，母亲沉浸在自我陶醉中，再看看孩子，无精打采，与母亲那种亢奋形成了鲜明对照。我忍不住问了一下孩子上几年级了，孩子弱弱地回答说三年级。

这种场景我们是不是经常看到？到底是带孩子出来玩还是带孩子来写作文的？孩子还会有赏花踏青的热情吗？

其实，孩子们的要求很低，他们就是希望出去，不带任何目的，也不在乎去哪儿。

记得在儿子小时候，我居住的县城刚刚建了以泉水为主题的公园。泉水周围种满了垂柳和花草，更有一些亭廊和小桥隐隐地藏在树荫里，给人一种似幻非幻的景象。我每次都是冲着这些景色而去，并且是迫不及待地带孩子直奔那些我喜欢的地方，而不愿意驻足在我不喜欢的场景。可是去了几次以后我逐渐感觉到，儿子没有了刚开始的兴奋，也不对这些景象感兴趣了，甚至到后来要我拖着他才肯往前走。

开始我不理解这是怎么了。这么好的景色怎么就不能吸引他呢？我在抱怨孩子不懂事，抱怨他辜负了这么好的景色和我的一片心意。后来我静下来反思了一下我的所作所为，发现我是以自己的喜好带孩子出来玩的，而不是从孩子的角度看待这个世界的。他才四岁，能看懂所谓的似幻非幻吗？能看懂小桥流水吗？经过反思，我清醒了许多。我开始关注孩子的兴趣，开始观察孩子的表情，我逐渐发现，大人定好了地点以后，是以到这个地方为目的的，而孩子则更在乎去这个地方所经历的过程。他不在乎你到底去哪儿，而是在乎走出去这个过程。

我慢慢发现，路上的风景和一些新鲜的地方更吸引他。一棵小草、突然跑过来的一只小猫、一辆颜色鲜艳的自行车从身边飞驰而过等，都会给他带来极大的欢乐。而真正到了公园后，尤其是到了原来常去的那些地方时，他反而没有兴趣。发现了孩子这些心理过程后，我每次带他出去玩的时候，总是把脚步放慢，让他有充分的时间去观察路上发生的一切。当他问起某些现象时，我才跟他去解释，他不问的时候就由着他去，不去打扰他，也不催促他。我们是边看边玩，边走边聊，既没有压力，也没有目的，就是开开心心地一路走过来，游中带玩，以玩为主。

当来到公园后，我也不再急匆匆地去寻找我认为的美景了，而是根据孩子的喜好，先玩一些适合孩子年龄特点的游园项目，然后找一张座椅坐下来，和孩子互相讲讲故事，或说说刚才路上和在游园时一些有趣的情景。这样逛公园后，孩子总是期盼下次的出游，也更加关注各种奇闻轶事了。这样既培养了孩子的观察能力和组织语言的能力，同时孩子也会在这个过程中更加健康快乐的成长。

随着孩子的长大，我们又该如何和孩子去旅游呢？

其实，现在的旅行社或户外运动团体也是与时俱进，策划了一系列适合全家出游的活动，像走进科技馆、小小理财师、亲子植树共呵护、小小投递员等。这些都受到广大家长的认可和追捧，这些活动既弥补了孩子们在校学习期间的空白，又提供了全家一起活动的机会，无论是对家长还是对孩子来说都是受益匪浅的。如果有这样的机会，我建议大家尽可能地参与其中，享受一下户外新鲜空气以及和孩子共处的美好时光。

孩子上了中学以后，这样的活动时间相对会减少，一些家长就选择在长假或寒暑假期间带孩子到各地去旅游，以减轻孩子的学习压力，放松一下紧张的心情。这些想法和做法都是值得称赞的。只不过，在旅游的过程中，家长不要给孩子提一些学习要求，比如回来要写游记、日记、作文等。一旦提出了这些要求，孩子瞬间就会对旅游失去兴趣，旅游也没有了那种能让孩子放松心情调整情绪的作用了。玩就是玩，不要掺杂这样那样的功利心，让孩子尽情地去放松和欣赏，才能实现家长最初的愿望。否则，可能会事倍功半，甚至可能引起孩子的叛逆。

还有的家长固执地认为，我们去旅游花了那么多钱，就应该学到一些东西，或在学习中体现出来。要不然，钱不就浪费了吗？古人说，读万卷书，行万里路，其实这些活动本身就是在学习和体验。有些东西不是一朝一夕练就的，而是长期积累和磨炼而来的。比如，人的气质、修养、见识以及开阔的胸怀等，这些并不都是通过书本学习得来的，恰恰是通过各种途径习得的。孩子走过了名山大川就不会被眼前的土丘挡住眼睛，见过了大都市的繁华就不会为几座高楼着迷，看到过真正的剧场演出就不会为低俗的节目叫好，当然见识了真正的财富也就不会为了几个小钱而出卖自己的灵魂。这一切的一切是不是更让我们欣慰呢？是不是比写点日记、完成一篇作文的作用更大一些呢？

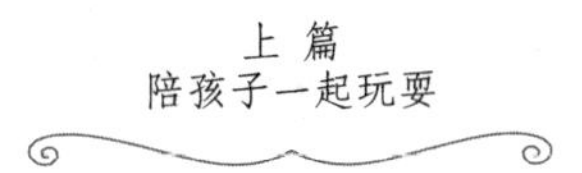

关于倾听

常听一些家长说，孩子在看电视或玩手机的时候，你三遍五遍地叫不动，让他去做件事，总是磨磨蹭蹭，心不在焉，这就是那种我们俗称的“耳不听”；而一些上了学的孩子，常被老师抱怨上课时不注意听讲，注意力不集中，因一点小事情就会分散注意力。还有一些家长说，孩子在家写作业，总是要边看电视边写，要让孩子安静地完成作业很困难。明知道这样都不对，但是又苦于没有好办法去引导孩子，因此总是出现矛盾冲突，结果是孩子该咋样还咋样。

这些问题的出现，都因孩子从小没有得到良好的养成教育，这与家长的所作所为及行为习惯是密切相关的。

其实，这就是一个倾听的问题。

关于倾听这件事情，大部分家长做得不够好，或者说没有意识到倾听的重要性。也就是说，家长没把认真倾听孩子说话当回事，自然地，孩子也就没养成认真倾听大人说话的习惯。孩子的很多习惯都是在家长潜移默化的影响下形成的。对此，我归纳了以下几种情形，提醒家长们注意。第一种情形是孩子追着大人说话，而大人则忙于自己的家务或手头上的事情，边干自己的事边应付孩子，甚至有一些家长嫌孩子说话多，就不耐烦地说“去去去，一边玩去，没看见我正忙着吗”，根本不把孩子的话当回事。第二种情形是，孩子正说着话，家长强行打断，不让孩子把话说完，就支使孩子做这做那，生生地让孩子把后面的话咽了回去。第三种情形，是嫌孩子刨根问底，家长觉得已经很耐心地回答了孩子的问题，而孩子非得刨根问底，问题一个接一个，让家长无力招架，只好采取强硬措施，打断孩子，不让他们继续问下去。第四种情形是，孩子正在专注做事的时候，家长没有让孩子完成手头的事情，就强行安排其他事情，一旦孩子没及时回应，就开始唠叨个没完。其实，这时候孩子的注意力都在他手头的事情上，家长说的话孩子可能根本就没听进去。第五种情形是，家长和孩子说话的时候，总是用命令的口气，不容置疑，必须这样，不能那样，让孩子唯命是从，稍不满意就喋喋不休地教育孩子，使孩子不胜其烦。第六种情形是，家长总是居高临下地和孩子说话，而不是蹲下来，跟孩子平等交流，孩子只好抬着头听家长的长篇大论。各种情形不一而足。

这样做的结果就是，家长没有认真倾听孩子说话，孩子也没有养成认真倾听的习惯。孩子不会专注地倾听，当上了幼儿园、小学、中学以后，就会出现不认真听课的情况。习惯成自然后，纠正起来也就很难了。出现这种情况的原因是，在孩子说话的早期，大人们示范给孩子的形象就是可以一心多用，甚至边做事边听，根本不用认真去听，也可以不把听当回事。没有从家长身上学到认真倾听的好习惯，就难怪孩子的课堂效率低了。

而要培养孩子认真倾听的好习惯并不难，只要家长能从内心把孩子当成一个平等的人而不是一个自己的附庸就可以了。下面的几个方法，家长们不妨试一试。

孩子说话的时候，家长要放下手头的工作耐心倾听，并且一定要让孩子把话说完。当孩子说完后，家长最好追问一句：还有要说的吗？等确认孩子说完了，就要给孩子一个明确的回应，等孩子满意了，再去忙自己的事。如果孩子说话时家长确实没空听，要先跟孩子说清楚：爸爸（妈妈）现在正忙着，稍等一会，忙完了，再跟爸爸（妈妈）说。答复要明确，理由要让孩子能理解、接受。

家长要说话的时候，要耐心等待孩子完成了手里的事情后再说，并且在说之前，要让孩子做好倾听的准备。当然，家长说话要注意孩子的年龄特征，尽量不要一口气说很多话或提很多要求，否则，孩子可能根本就不知道你在说什么。要求提得过多，孩子则有可能一个也做不到，因为他可能根本就没听进去。家长说话的时候语速要慢，要让孩子听明白你说的话，明确你提了哪些要求。这样，他才能照你说的去做。如果你不能确定孩子是否听懂了你的要求，家长可以让孩子复述刚才的话，让孩子有一个内化的过程，这样他就不会对你所说的话充耳不闻了。

当家里人多的时候，要培养孩子安静倾听的习惯。如果全家人在一起，或者家里来人了，会出现七嘴八舌的情况，这时家长要有意识地引导孩子安静地倾听。如，“你听这个阿姨在说什么有趣的事情呢”“那个叔叔说的好像就是前几天听过的事情”等，先引起孩子的注意，然后让孩子有目的地去听，而不是跟着乱听，不然什么也听不进去。

孩子上学以后，家长不能放任不管，因为倾听是提高课堂效率的最好办法。老师常在课堂上强调听的重要性，时不时地让学生们注意听，但由于孩子小，注意力容易分散，因此家长就应该配合老师培养孩子良好的倾听习惯。一般的做法是，每天孩子放学回家后，家长要问问孩子当天在学校都学到什么了，老师都说了哪些事情，特别要问的就是上课时老师都说了什么，孩子听了哪些重要的事情等。这些问话一定要在到家后郑重其事地问，而不是从校门口接到孩子就问，仓促的问话只能是白问。孩子刚从学校出来，心情还沉浸在学校的环境中，再加上街上乱哄哄的，他也听不见家长说的话，如果家长非要问的话，孩子只能应付，起不到任何作用，反而影响孩子的情绪。

当然，这种提问，家长要持之以恒，不能三天打鱼两天晒网，想起来了就问一问，忙了就不问。家长坚持不住就会给孩子一个偷懒的机会，慢慢地孩子觉得家长也就是新鲜，刚上学什么都关心，时间长了就不会再问了，孩子在课堂上也就慢慢地不再认真听讲了。

学会倾听，是家长的一门功课，也是孩子养成教育中的一个重要因素，当孩子真正养成了良好的倾听习惯后，他们的注意力也会随之得到训练，他们的学习就会变得非常轻松，家长也不用整天忙于孩子的学习和作业了。这不正是每位家长所期盼的吗？

所以说，倾听是一个良好的习惯，但需要持之以恒的坚持才能见效。特别是家长要有学会倾听的意识和认真对待倾听的态度，才能在日常生活中对孩子起到积极的作用。需要注意的是，孩子说话慢，词语少，一些意思表达起来可能有一些困难，这时候就需要家长有足够的耐心，耐心地等待孩子，并且用心去倾听孩子内心的诉求，不要急于打断孩子的思路或代替孩子把话说完，坐下来静静地倾听就是给孩子最好的教育。

关于爱好和特长

随着社会发展和家庭条件的改善，家长都注重孩子各项才艺的培养和教育，特别是音乐、美术、书法等艺术更是受到家长们的追捧。看看各种培训班的火爆程度，便可知道家长们需求的旺盛。一个学前儿童也会被家长逼着去学乐器、舞蹈、书法，甚至一些女孩子也学起了柔道、武术等项目。许多孩子一到周末，课程就被安排得满满的。

我认识的一个孩子仅这种兴趣班就报了五个，包括舞蹈、钢琴、书法、美术和口才训练，整个周六连坐下来吃饭的时间都没有。每次看到孩子来学钢琴，都是妈妈带着饭，在教室门口催促着孩子快吃几口，怕耽误了孩子上课。再看看幼小的孩子，一脸疲惫和无奈，没有一点幼儿的天真和活泼，更体会不到孩提时代应有的快乐，他们完全是在应付和完成家长的安排。当然，这些课程的选择，也全都是家长根据现在的形势帮孩子确定的，根本没考虑孩子的爱好和兴趣，更谈不上孩子自主选择了。

我忍不住去和家长聊了聊，问他们为什么给孩子报这么多班、孩子疲于应付能否学到东西、孩子真正喜欢学什么等问题，家长的回答也很无奈，他们总是说，自己小时候没有这个条件，想学都没处去学，现在条件允许了，就尽量让孩子都接触一下，培养孩子的广泛兴趣，毕竟对孩子的成长有好处。家长们还认为，现在社会需要这些复合型人才，不能一味地让孩子学文化课，等上了大学，整体素质就会落后于别人，不能让孩子像傻子一样去上大学。

而在回答周六一天上五节课是不是太紧张的问题时，家长们还挺自豪地说，这是他们刻意这样报的班，其目的就是能让孩子有一个完整的周日。周日这一整天什么都不让孩子学，家长可以带孩子走亲戚、到户外游玩或者就在家陪孩子。家长们觉得这样安排是最合理的，各方面都兼顾到了，也让孩子每周有了一个完整休息日。

那我们就一起来分析一下这件事情吧。首先，我们都知道，兴趣是最好的老师，孩子对感兴趣的事情，学起来是事半功倍的，对不感兴趣的事情那绝对是事倍功半，而对讨厌的课程就会抵触和逃避。一旦他们在不感兴趣的课程上出现问题，而家长仍然逼着他们继续学，他们往往就会把不良情绪迁移到其他的课程中去，其他课程的教学效果也会受到影响，这也许是家长们没有想到的。其次，这些课程大多是家长给孩子选的，并不完全是孩子自己喜欢的，当然也许其中有些课程正好是孩子喜欢的，而对本来不喜欢但迫于家长的压力不得不去应付的课程，孩子学得累，家长陪得苦，成绩就会没有起色。孩子对这样的学习也会产生厌倦和对抗心理，这时真正受到伤害的将会是孩子。再者，学这么多课程，幼小的孩子能有多少时间去练习、消化和掌握呢？久而久之，就会出现孩子什么都学、什么都学不好甚至学不会的现象，而且由于孩子没有自己的兴趣和爱好，根本激发不出那种发自内心的学习欲望，慢慢地就会消极对待，成绩自然就越来越差，也就谈不上在某项技能上的超群或出色。这样的所谓特长又有什么用呢？

再看看时间的安排。看似合理安排的背后是孩子的无奈和家长的奔

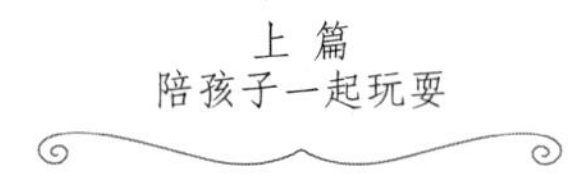

波。孩子正处于应该玩的年龄，但家长却赋予了孩子更多成人的认知和世俗，让孩子在这样小的年龄就过早地为将来打算。还有的家长给孩子报各种班，并不是为了让孩子真正从中受益，而是为了随大流，或者是让孩子人前炫耀，以获得他人的夸奖，以此来满足那小小的虚荣心。

还有，家长给孩子报班，最终目的是为了让孩子考级。有行政部门的考级，有各种艺考学会的考级，还有一些学院的自主考级，五花八门。而有些考级也成了走形式、满足家长虚荣心的一种做法。这些考级真的那么重要、那么有用吗？有的培训学校为了提高通过率，只教那些考级用的内容，而忽略对基本功的训练，孩子拿到了业余十级（业余最高级）的证书之后，家长就不再让孩子学了。家长不管孩子对这门课程是否感兴趣，都要丢到一边去，再慌忙去考其他的。用家长的话说就是，谁知道哪块云彩有雨啊，多准备点不会吃亏的。结果是证书一大摞，孩子却什么也没学精，就学会跟着大人应付了。

其实，这只是一些表面问题，而真正给孩子带来的那些负面深层次影响家长们也许还没考虑到。随着孩子学业负担的加重，时间上已不允许孩子过多地去关注所学的所谓特长课程。但是在上特长课程过程中，那些浮皮潦草的习惯、疲于应付的无奈，还有对所学课程的无所谓态度，会直接影响孩子的学习习惯，进而就会影响到他们对文化课的学习。他们已经习惯了应付，习惯了做表面文章，习惯了他人的虚假夸奖，当所学知识越来越多、课程越来越难的时候，孩子却丧失了探究的能力和持之以恒的学习态度。而这才是真正悲哀的开始，也是影响孩子终身的大问题。

当孩子步入中学以后，即使有一些特长和爱好，家长们往往也会武断地阻止他们在这方面的学习，这时候，家长眼里只有文化课的成绩了，孩子想发展一点爱好都会被认为是不学无术。有些家长一旦发现孩子的学习成绩确实不如意时，又立马给孩子寻找一些能在中考或高考中加分的艺术或体育类课程，开始新一轮课外恶补，恨不能在短时期内就让孩子的艺术或体育成绩在中考或高考中体现出来。

以上家长的种种做法，是不是我们都经历过或正在经历着呢？

那么，到底什么是爱好，什么是特长，我们思考过吗？我们观察过孩子的爱好吗？我们发现孩子在哪些方面不同于别的孩子了吗？家长们不去思考这些问题，却认为别人都这样，我们也要这样去做，不能让孩子输在起跑线上。这是不是有些盲目呢？即使有些家长发现了孩子的爱好或特长，但从大人的角度却认为这些都是小儿科，不是大众需求，也会亲自把孩子的这些爱好扼杀在萌芽中。孩子不能有自己的爱好和特长，家长也没想把这些爱好和特长当成孩子的发展方向，这就是我们为什么培养不出诺贝尔奖获得者、很少出大师级人才的原因之一，也是孩子没有个性和独特思想的根源所在。

孩子的早期教育确实非常重要，但不要把重点放在对孩子技能、技巧培训上，不要过早“定向”，而应该充分发掘孩子各方面的潜能，引导他们深入学习。我的建议是，根据孩子的兴趣和爱好，选择一到两门艺术类或体育类课程作为孩子的特长加以培养，抛开功利思想，不要以考级为目的，而是要注重把基本功训练好，即使在学习比较紧张的中学时代，仍然坚持让孩子继续学习甚至深造。因为这是基于孩子的兴趣培养的特长，不会给孩子带来太多的压力和烦恼，只会帮助孩子调节情绪，舒缓压力。它是陪伴孩子终身并能给孩子带来快乐的爱好。

关于沟通和对话

沟通和对话，好像只有在单位或群体中才被重视，而在家庭中，就这么几个人，谁想什么干什么都很清楚，还需要特别的沟通和对话吗？这是很多家长的疑惑。还有一些家长觉得，孩子的一切都在我们的掌控之中，没有必要去和孩子郑重其事地沟通和对话。其实，恰恰相反，如果从小就不重视与孩子做好沟通和对话，随着孩子的长大，尤其到了青春期，孩子在家里想说的话会越来越少，跟父母的交流会越来越表面化，发自内心的交流和沟通会逐渐消失，甚至有些孩子慢慢地走向自我封闭之中，变得不再是那个总纠缠家长的“小讨厌鬼”，而是啥话也不愿意跟家长说的不听话的少年郎。

我们经常听到一些青春期孩子的家长在抱怨，说孩子什么也不跟他们讲，小学的时候，老师说的话就是圣旨，到初中了，老师的话也不听了，有什么话就跟几个要好的朋友说，家长们也不知道现在的孩子都在想些什么，做些什么。这种现象是怎样造成的呢？

其实，不是孩子不和我们说，而是我们在家庭中没有给孩子创造一个良好的沟通和对话环境。家长总是发号施令，孩子则不能有效地表达自己的观点和诉求，而孩子一旦进入青春期，他们的一些心理变化和小秘密自然不会跟家长说了。孩子一些怪异的行为也是从不能很好地沟通演变而来的。他们的困惑得不到及时解决，日积月累，问题越来越多，能倾诉的对象就只能是不谙世事的同龄人，一旦出现问题就已经很难解决了。这就是为什么现在的孩子出现心理疾病的原因，也是网瘾多发的因素之一。

一些家长一听要学会沟通和对话，都是一副不屑的表情，意思就是沟通和对话不就是交流嘛，这有什么大学问在里面吗？没必要这么严肃地提出这个问题吧！

以下这个故事我们可能都听过。一天，爸爸洗了三个苹果准备一家三口每人一个，他让孩子先挑一个，结果孩子上来就各咬了一口。这时爸爸很生气地说："这孩子怎么这么不懂事呢，都咬一口，让别人怎么吃啊！"说完气呼呼地把苹果都拿走了，谁也别想吃了。而孩子本来挺高兴的，看到洗好的苹果迫不及待地想吃，结果不知道什么原因，爸爸发了这么大的火，孩子委屈地哭了起来，同时还嘟囔着想吃苹果呢。妈妈也被这突如其来的事搞懵了，不知道该劝爸爸还是该劝孩子，本来高高兴兴的事却变成了一个矛盾的导火索。妈妈只好把孩子领了出去，当孩子平静下来以后，妈妈才问起孩子刚才咬苹果的事，结果大出妈妈的意料，孩子说："我就是想找出最甜的那一个给妈妈吃。"妈妈顷刻泪崩了，紧紧地把孩子抱在怀里，那种复杂的心情无法用语言来描述。当妈妈把孩子的话告诉爸爸时，爸爸竟愣在了那里，不知道该怎么做了。

其实，孩子都是善良的，没有成人认为的那么自私和狭隘，是家长站在自己的角度揣测了孩子，根本不给孩子说话或辩解的机会，就自以为是地直接给孩子打上各种标签。而有一些矛盾本可以很容易化解，结果由于父母和孩子之间缺乏有效的沟通和对话，造成了矛盾的升级或加深。这些现象不能不引起家长的重视。让孩子把他们的想法说出来，是

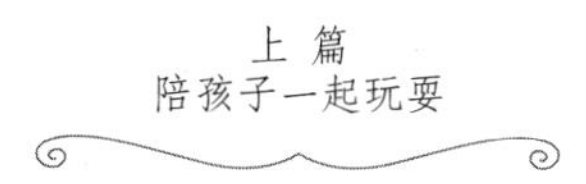

每位家长的必修课，需要家长的耐心和有意识的等待，这是进行有效沟通的前提。

这让我想起我的一个同学家发生的事情。一天，我看到同学的女儿走在前面，这个同学生气地在后面跟着，并且不断地呵斥和谩骂。我不明就里就上前问了问，原来是孩子拿了别人家窗台上一个非常漂亮的香水瓶，我的同学就认定是孩子偷了人家的东西，在家打骂后硬逼着孩子去还。我就劝她说，孩子这么小，还不懂事，可能看着漂亮，很是喜欢就拿回来了，根本不是偷，你别想得太复杂了。可是这个家长就认定了孩子这种行为是偷，是不可原谅的事情。

可是在这次打骂孩子以后的一天，孩子又顺手拿了另一家的一个小发卡。这次家长更生气了，不像上次那样让孩子自己还东西，而是母亲跟着一起到了人家家里，让孩子当着他们全家的面道歉并发誓不再偷东西。可是结果怎样呢？孩子仍然时不时地顺手拿别人家的东西，其他小孩子见到她就起哄说她是小偷，给孩子造成了很大的心理压力。虽然这时候孩子还非常小，但是我看到她总是低着头靠墙根走，不敢跟大人说话的情形，就知道孩子的心灵受到了很大的创伤。

这时候，我不想看到这个孩子朝不好的方向发展下去，就找到了我的同学，和她认真地谈了谈这件事情，提醒她，孩子还小，还没有辨别是非的能力。然后，让家长跟孩子好好沟通一下，看看孩子到底是怎么想的。几天以后，这个家长告诉我，经过与孩子沟通得知，原来孩子不知道别人家的东西不能拿，只知道自己喜欢这件东西，拿的时候别的家长也没有阻止，所以孩子认为只要喜欢就可以拿回家了。回家以后，孩子也不知道妈妈为什么会发这么大的火，即使挨了打，也不知道挨打的原因，所以，就又拿了别人家的东西。当这个家长认真听完孩子的话以后，才缓缓地和孩子说明白了，别人家的东西就像商场里的东西一样，是不能随便拿的，如果是别人主动给你东西，你可以回来问妈妈，同意你要了你再要，不同意你要的即使是你喜欢的也不能要，妈妈会去给你买。经过这次沟通后，孩子就不再拿别人家的东西了，也相应地阻止了孩子这种行为的发展。可以说，是沟通挽救了这个孩子，如果没有沟通的话，也许孩子长大后的发展将不堪设想，或许会是非常可怕的一种情况。

既然沟通和对话是让孩子敞开心扉的金钥匙，也是解决孩子一系列问题的有效途径，那么良好的沟通技巧和对话方式也是家长需要学习和掌握的。

在孩子小的时候，我们需要的是蹲下来和孩子说话。孩子小，个子矮，我们都站着的时候，孩子只能看到我们腰部以下的部分，这样就不能进行眼神交流。这种没有眼神交流的对话是违背人性的一种行为，也是孩子恐惧的来源。孩子需要和家长沟通，也更需要眼神的交流。因此，无论是在家里还是带孩子出去玩，只要想和孩子说话，我们就要蹲下来，耐心地去沟通和交流。

孩子长大以后，需要的是平等对话，而不是居高临下的教导。当我们站在孩子的角度去看待事物，看待他们那些幼稚的想法时，不要嘲笑或不屑，而要发自内心地去听去想，那么孩子一定很愿意把心里话告诉我们。即使到了青春期以后，他们仍然会把与我们的交流当作首选的条件。

事实上，这些技巧和方式，并不是要求家长刻意去做，只要我们真正把孩子当成一个独立的个体，把孩子当成自己的朋友，就不会出现难以沟通的局面。

关于快乐

当今流行这样一句话："你若阳光，中国就不会黑暗。"放在家庭中则是：你若快乐，孩子就不会沉沦。乍一听这话，好像有点危言耸听的意思，其实，一些"问题孩子"的产生，大多与他是否快乐有直接的关系。

我们从华西心理卫生中心公布的《成都市6~16岁儿童少年抑郁障碍的流行病学调查》可以发现，在该研究最终完成的4585例调查中，共筛查出2302例儿童少年可能存在心理健康问题。通俗地说，就是有一半左右的孩子情绪可能出现了问题。他们常常感觉不快乐，"没意思""没劲""精力不足""高兴不起来"；孩子们与人打交道的能力不是很好，这可能与独生子女的家庭环境有关；一些孩子多动，老师、家长都很头疼；一些孩子有行为问题，暴躁厌学，对抗家长……当家长发现孩子的话越来越少，笑容没了，唉声叹气且不愿与同学交往，学习成绩下降，睡眠变差等状况而带孩子去咨询时，他们往往被告知一个惊人的结论：孩子患抑郁症了。这样的结论会让家长很难接受，同时也会给家长带来很大的精神打击和创痛。

我们经常会听到一些不幸的消息，某中学孩子跳楼自杀，某大学孩子割腕自尽，还有的孩子变态地杀人，等等。这些现象的出现并不是一朝一夕的事，而是因为孩子在成长过程中没有形成快乐的性格，看待问题的角度出现了偏差，最终陷入情绪困惑而难以自拔。我们家长更多的是关注孩子的身体状况，常常忽略孩子的内心体验和感受。当孩子情绪低沉的时候，会觉得小孩子有什么烦心事啊，过段时间就会好的。殊不知，当今社会来自各方面的压力时时包围着孩子们，来自父母的压力更是直接和急迫的，让孩子有时都透不过气来。当他们的情绪无处发泄的时候，只好转向内心，转向封闭。从上面的调查中可以看出，有二分之一左右的孩子可能存在心理健康问题，这足以应该引起家长们的高度重视了。而产生这些问题的主要原因就是孩子们缺少快乐体验，长期受压抑。

生活经验告诉我们，孩子健康成长的最好办法就是让他们感到快乐。那么，家长应该如何让孩子感到快乐？如何培养孩子的快乐性格呢？下面几个小技巧，家长们不妨试试。

给予孩子足够的鼓励。对于孩子来说，没有什么能比真诚的鼓励更能激励他们去热爱生活和追求成功了。作为家长，对于孩子在成长中不可避免的错误和缺点，要给予充分的理解和宽容；对于孩子在成长中的爱好和优势，要给予及时的肯定和鼓励。因此，家长要真正地关注、关心孩子，要及时发现孩子的“闪光点”，并及时地给予热忱的赞赏和鼓励，不断增强孩子的自信。

放手孩子追寻快乐。快乐的体验有助于培养孩子大方和开朗的性格。作为家长，为使孩子拥有幸福的感受，要放手让孩子自己追寻快乐。记得我和孩子一起玩捉迷藏，当他找到我的那一时刻，那种兴奋之情真是无法形容。一件小小的事情都能激发孩子的兴趣，让孩子获得快

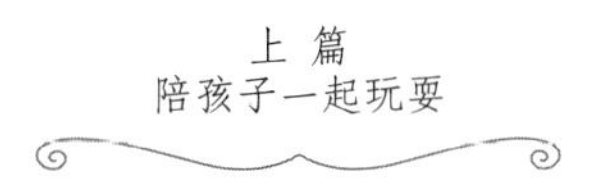

乐，因此家长要用心做的就是积极引导和培养孩子的广泛兴趣，为孩子提供快乐的选择，让孩子将这种追寻快乐的习性保持下去，并将其带入以后的生活中。

培养孩子积极的心态。作为家长，要让孩子明白，有的人之所以一生快乐，也并不是一直一帆风顺，而是他们的适应能力强，拥有好的心态，遇到挫折能很快振作起来。家长也要在生活中重视自身良好性格的表露和示范，向孩子展示自身永不服输、决不气馁的风范。而当遇到问题或不开心的事情时，家长要明确地让孩子知道他们在寻找解决问题的办法，而不是被问题和困难吓倒。

记得《大宅门》里的二奶奶说过一句话：“当遇到问题的时候要往最坏处想，当真正无路可走了，就再往好处想，这样困难也许就不那么可怕了，总会有办法解决的。”我觉得这句话说得太好了，这是我们每个人面对困难时应该有的态度和胸襟。因此，从行为上给予引导，让孩子学会心理上的正面调适，不断强化孩子坚韧的性格，让他们拥有化解生活难题的能力，是我们每个家长应该具有的基本素质。

这里给家长们讲一个我们自己的故事，是孩子上中学时候的事情。孩子以较好的成绩考上了我们当地的一所知名高中，开学的第一天，班主任老师让学生自己推举班干部，由于孩子在初中的时候当过班干部，又是一个比较外向的男孩，于是自告奋勇地当上了团支书。从此他不知疲惫，尽职尽责，班级团支部工作搞得有声有色。在高中那么紧张的学习阶段，他给同学们建团员档案，利用晚自习后的时间填写学生成长记录，在各种节日里组织庆祝活动等，表现出了较强的组织能力和工作、交际能力。那段时间，他看上去简直就是一个不知疲倦的陀螺，而且乐观、自信、效率高，学习成绩提高得也很快。没承想，一个学期之后，在寒假开学的时候，班主任老师看他的学习成绩不错，为了让他专心学习，没和他沟通，就自做决定，不再让他担任班干部了。这对他的打击可太大了，他的情绪一落千丈，完全没有了上学期那种勃勃生机了。每天回来很少跟我说话，原来每天回来后那种兴高采烈的劲头没有了，也听不到他朗朗的笑声了。这是怎么啦？出现什么问题了呢？每次问他，他都说没事，说最近学习比较忙没心情。日子就这么一天天过去了。直到期末考试成绩出来，我才真正发现了问题，他的学习成绩从班上前几名，一下退到了倒数几名。我意识到了问题的严重性，也意识到孩子可能有解不开的心结。于是我在孩子放学后，郑重地和他谈起了这件事。原来，他一直对老师不让他继续担任团支书这件事耿耿于怀，不能释然，甚至索性和新任的班长、团支书对着干。孩子情绪受到了影响，学习也没了劲头，整天看着班主任不顺眼，盯着班干部的失误和缺点，变着法地和他们捣乱。结果是班级管理出现了问题，他的学习成绩也大幅下降，真是两败俱伤。

我知道，面对这样的孩子，如果我采取强硬的态度和过激的行为都不能解决他内心的问题，只有打开孩子的心结才能让孩子走出现在的阴影。这以后，我每天等他晚自习回来，和他聊一些开心的事情，聊一些我们共同的话题。当孩子的情绪有了好转以后，我便开始了有针对性地疏导。我让孩子试着去发现班干部们的优点，试着去做班干部布置的工作，让孩子知道这个挫折正好是一次锻炼的机会，也是成长中的一个小坎，迈过去了，你就会更坚强，你抗打击的能力就会更强大。经过有效的疏导，孩子慢慢地调整了自己的心态，开始尝试着去配合班干部，认

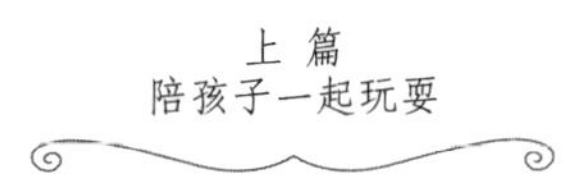

真完成老师和班干部布置的工作，并积极为班级工作出谋划策。他的情绪也慢慢地开始好转，学习的积极性也有了显著提高。但我没有放松对他的引导，而是趁热打铁，进一步培养他的积极心态，以便日后能使他经受得起更大的打击和磨难。

这时候，我推荐了一些名人传记让他阅读。一方面，能让他转移一下注意力，另一方面，可以让他从这些名人的不平坦甚至是坎坷的经历中有所感悟。果然，这些名人的励志故事深深地激励了他，对他的转变起到了非常重要的影响。他在读这些传记的过程中逐渐坚强了起来。他又恢复和激发起往日的活力，在学校的电视演讲竞选中当上了学生会副主席，学习成绩也有了很大提高。用当时他自己的话说就是，没有什么再能打垮我了，我已经是“神经大条”了。

因此，积极的心态和快乐的体验是孩子成功的关键，而消极低沉的情绪是孩子成长的“拦路虎”，这话一点不假。

倾听孩子的心声，尊重孩子，让孩子快乐起来，是家长的责任。不管是幼儿还是少年，他们都有自己的活动圈子，随之产生自己的喜怒哀乐，他们需要有自己的倾诉对象。因此，家长即使工作再忙，也要每天拿出一定的时间与孩子待在一起。不看电视，不读报纸，也不听音乐，而是专心致志地与孩子互相交流，倾听孩子的心声，解除他们的疑虑，适时地加以引导。这对于工作繁忙的父母来说可能有一些困难，但是应尽量做到，哪怕睡前拿出几分钟的时间也可以。如，问问孩子在校一天的学习情况，一天都做了什么，有哪些进步，短短几句，足以让孩子体会到家长的关心，从而增进大人与孩子的沟通，让孩子有一个愉快的体验。

还有一个技巧，就是让孩子在阅读中愉快成长。很多家长经常给孩子买衣服、买玩具，觉得这样孩子一定会很高兴。可是这种高兴只是一时的事情，当衣服穿旧了，玩具玩腻了，他们的快乐也就随之消失了，而良好的阅读习惯则是孩子持续快乐的源泉和动力。书是人类进步的阶梯，从小培养孩子的阅读习惯，孩子会终身受益。孩子不停地阅读，就会永远不停地学习，他们就会在愉悦的读书过程中体会到快乐。很多家长喜欢扮演老师的角色，经常教孩子学习课本的东西，我认为倒不如花点时间陪孩子进行有益的阅读。或许有的家长会说："我们也给孩子买了很多书，可是孩子不看怎么办？"其实，家长对孩子的教育是潜移默化的，一个日夜打麻将的家长，他不停地叫孩子学习、学习，孩子能学习吗？父母都在看书，孩子也会跟着看书的。父母和孩子一起看书，要和孩子交流故事中的人物性格，讨论哪些人物该学习，哪些人物让人讨厌，孩子们的心中就有了自己的想法，假如孩子能把自己真实的想法说出来，并能得到家长的认可，那么他们渐渐地就会喜欢阅读了。玩具很快就会玩腻，而培养孩子一辈子都有用的读书习惯，是很多父母缺乏的意识，这应该引起我们的重视。

让孩子感受快乐时光，享受温馨，沐浴春风之中，就能使孩子健康快乐地成长，从而拥有一个美好的人生。

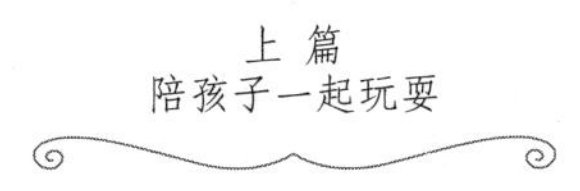

关于家庭氛围

家庭氛围，就是家庭的气氛、家庭的生活环境、家庭成员中的心理适应以及家庭的整体感觉等。家庭氛围的好坏直接影响每个家庭成员的健康和成长，也决定家庭成员之间的亲密程度及相应的心理舒适度。家庭是一个整体，每个家庭成员都不可能完全独立，都要受到家庭整体氛围的影响。好的家庭氛围带给成员的是开心、快乐和舒适，而不良的家庭氛围会给每个成员带来压抑、悲伤和痛苦。

如有的家庭三天一小吵，五天一大吵，矛盾天天有，冲突月月见，在这样的氛围中，每个成员都是怒气冲天、互不相容的，一点小事就可能引发一场家庭战争；有的家庭则冷漠沉闷，几天都听不到一点笑声，看不到一张笑脸，成员之间因为一点小事就互不理睬，整个氛围就像一潭死水，毫无生机；而有的家庭则是和和睦睦、互敬互爱、欢声笑语，给人一种快乐幸福的感觉。

家庭氛围的好坏，不仅体现一个家庭的整体形象，而且对每个家庭成员的心理状态的影响巨大，尤其对青少年个性品格的形成具有重要的作用。有的孩子一放学就像小鸟出笼一样欢快地飞向自己的父母；而有的孩子宁肯在学校多待一会儿，也不愿意回家；还有的孩子总是躲躲闪闪，不愿意和别人接触。因此，如果说孩子是一颗种子，那么家庭就是土壤，家庭氛围便是空气和水分。所以说，家庭氛围对孩子的成长至关重要，每个家长都应该引起高度重视。一个和睦、和谐、温暖、快乐的家庭氛围，有益于孩子健康快乐地成长。而不良的家庭氛围则恰恰相反，不仅会让孩子过早地告别欢乐时光，还会使他们经常处在紧张、忧虑、困惑等心理状态中，以至于厌烦学习、学习困难、成绩下降，继而引发价值观、人生观等方面的一系列问题。

这是一个真实的案例。这个孩子的母亲是一个完美主义者，总是要求每个人都按照她的想法去做，稍有偏差便会大闹一通。时间长了，孩子的父亲很压抑，便在网上找到了一个知音。为了逃避这个母亲的强势和盘查，这个父亲总是小心翼翼地上网聊天，但不幸的是，不久就被这个母亲发现了，她大闹后便提出了离婚，她不给他任何解释的机会，她不能容忍这种所谓的背叛，更不屑于这位父亲的道歉和请求，毅然带着女儿离开了这个家。

在外奔波几年后，她给女儿找了一个继父，继父拿着这个女儿像宝贝一样呵护和宠爱着，也全身心地爱着这个母亲。但是，由于性格使然，这个母亲还和以前一样，总是苛求每个人都要完美无缺，使得整个家庭气氛仍然紧张又压抑。慢慢地孩子不愿意回家了，更不愿意见到她的母亲，孩子开始到外面去寻找温暖，不久便早恋了。这时母亲不管怎么说，孩子完全不听她的，还对着母亲大吵大闹，她说宁肯死也不愿意在这样的家庭中活，这样的家简直就是坟墓，早晚会被憋死在这里的，要趁早去寻找自己的幸福。孩子才14岁，就毅然决然地奔向了她那15岁的男友，离家出走了。

这是不良的家庭氛围造成的后果。由此可见，青少年问题与家庭的影响有着密切的、直接的关系，要预防青少年问题的产生，除了要加强家庭教育外，消除家庭尤其是父母的负面影响从而营造良好的家庭氛围尤为重要。

那如何营造温馨和睦的家庭氛围呢?

家庭成员之间应保持和谐的关系。家庭成员，特别是父母之间的和谐，是家庭稳定和温馨的基础，也是孩子心理稳定和健康的保障。家庭成员之间感情不和，言行冲突，会直接影响到儿童的情绪波动，使之产生心理上的不良反应。因此，这一点既是成功的家庭教育的要诀，也是导致家庭教育失败的重要原因。如果因为家庭成员特别是父母之间的紧张关系造成了不正常的家庭氛围，那么最大的受害者就是孩子。工读学校的大量调查材料表明，有相当数量的孩子就是因家庭不和而逃避家庭才误入歧途的。

因此，作为父母，应该重视自身行为习惯，对孩子要言传身教，加以正确的引导，这样才能把孩子培养成具有健康人格、对社会有用的优秀人才。

下面是一位母亲在女儿婚礼上的一段讲话，看看她在女儿出嫁时是如何教育女儿的。

……作为母亲，看着自己心爱的儿女长大成人，有了自己的小家庭，我感到很幸福。

……我想对女儿、女婿叮嘱几句，说三句“不是”。

第一句，婚姻不是1+1=2，而是0.5+0.5=1。结婚后，你们小两口都要去掉自己一半的个性，要有做出妥协和让步的心理准备，这样才能组成一个完美的家庭。现在的青年男女们，起初往往被对方的“锋芒”所吸引，但也会因为对方的“锋芒”而受伤。妈妈是过来人，想对你们说，收敛自己的“锋芒”，容忍对方的“锋芒”，才是两情永久的真正秘诀。

第二句，爱情不是亲密无间，而应是宽容“有间”。结婚后，每个人都有自己的交往圈子，夫妻双方有时模糊点、保留点，反而更有吸引力，给别人空间，也是给自己自由。请记住，婚姻不是占有，而是结合，所谓结合，就像联盟，首先要尊重对方。

第三句，家不是讲理的地方，更不是算账的地方，家是一个讲爱的地方。不是有这么一句话么，男人是泥，女人是水，所以男女的结合不过是“和稀泥”。婚姻是两个人搭伙过日子，如果什么事都深究“法理”，那只会弄得双方很疲惫。

……

这段讲话其实是一位母亲多年的经验总结，也是对家庭这个概念的深刻阐释，她的说法应该让我们有所感悟和回味。

家庭中的每个成员都要为家庭氛围的和谐承担责任。和谐的氛围不是由谁创造的，而应该是所有成员共同努力营造的结果。

需要强调的是，夫妻双方不要把工作带回家。家庭就是生活的地方，是一家人快快乐乐相聚、共享天伦的地方。工作上的事要尽可能在工作单位里处理掉，而不能把它带回家。因为如果你把工作带回了家，你的工作肯定会影响到其他成员的自由，其他成员的活动也肯定会影响到你的工作。所以，夫妻一定要有这样的意识，家是生活的地方，单位才是工作的地方。自己在家中的时间应该属于爱人、属于孩子，换句话

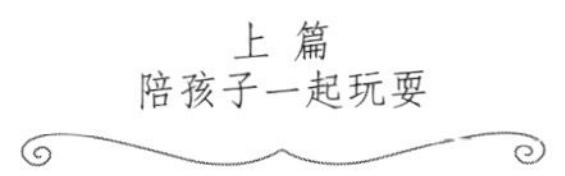

说就是家中的时间是属于生活的。

不良情绪是造成家庭气氛紧张的导火索，因为情绪是可以传染的。坏情绪犹如病毒，一个人打喷嚏，大家都会跟着感冒。如果夫妻任何一方，一回到家里，脸上便阴云密布，或者是唉声叹气，那么无疑就会把家庭气氛弄得很紧张，给其他的家庭成员造成一定的心理压力。因此，当自己下班回家时，一定要调整好心情，把工作中的不如意、烦恼，留在外面，要面带着微笑回家，让其他成员在快乐的氛围中迎接你的到来。

关于女孩子

随着生活条件的提高，孩子的教育问题越来越受到家长们的重视，尤其是对独生子女的教育，更是受到家庭每个成员的关注。社会发展的多样性、各种各样媒体的出现、浮躁的社会风气、相互攀比的社会现实等都在影响着孩子的成长，同时也给家长带来了一些困惑和难题。因此，独生子女的教育问题也成了父母最头疼的一件事。在这种背景下，如何更好地教育好孩子呢？对男孩和女孩的教育该注意哪些区别呢？

先来说说女孩子。

女孩子无论从生理角度还是心理角度，都有别于男孩子。大多幼儿期的女孩喜欢文静，不喜欢脏乱，如在玩耍时衣服脏了，能主动拍拍土，去去污。平时她们更喜欢坐在小椅子上听大人讲故事，看电视节目。几个小孩在一起的时候喜欢“过家家”“当妈妈”“抱娃娃”等。在气质方面，女孩子娇气，爱在成人面前撒娇，希望得到更多的宠爱。

但是有的家庭由于认识上的原因，对女孩子的教育进入了误区。如个别家长为了让孩子长大后能独当一面，却没能正确地培养和引导，而是反其道而行之，硬是引导孩子向着相反的方面发展。家长往往偏重于强势教育，试图改变女孩那种柔弱、胆小的性格，改变她们爱打扮、喜欢做手工和烘焙等体现女性角色的爱好，更多地让女孩接触一些棍棒、刀枪等玩具，穿一些中性的服装等。实际上，这些不妥当的方法会给孩子造成一些模糊的性别意识，对以后的发展未必是件好事。女孩有她独特的生理特征和心理特征，我们的教育应该遵从这些特征。比如，“爱美”是女性的共同特点，也是天性。女性对美的追求是从幼儿时期开始的。从刚会说话开始，她们就知道要穿红鞋、穿花衣服、戴发带，并学着大人的样子化妆、涂脂抹粉，被夸一声“这闺女真俊”，便表现出美滋滋的神态。这是女孩生理正常的外在反映，也是女孩的共性，我们没有必要去刻意纠正。

还有个别的家长表现得又有些太过，把女孩当作成年女性去打扮，烫头、挎包、穿小皮靴等，完全打扮成一个小大人，这样也不利于孩子的正常生长。对婴幼儿期的女孩来说，除了良好的家庭氛围、爱的呵护，最好的教育就是任其自然发展，进行因势利导的培养。

而孩子到了学龄期，女孩的教育就要家长全面关注和用心培养了。

学龄期的女孩从一个懵懂的小丫头逐渐成为一名学生。她背起书包走进学校，开始学习一系列的新知识。在这个阶段，女孩的社交圈也在扩大，她开始审视周围的一切，也包括审视家长。她不再像原来那样事事都听我们的话，她开始怀疑家长的“权威”。有时，她还会反抗，这是因为她已经开始有了自己的想法。

特别是现在的女孩发育普遍较早，在小学五六年级就会进入青春期，叛逆、打扮、注重外表等情形开始出现。有的女孩则转向了女汉子的方向，她们为人处世大大咧咧，说话颐指气使，就连男孩子也惧怕三分；还有的女孩子由于生理的变化，本来外向开朗的性格变成了封闭胆小怕见人。这些变化都给家长提出了新的要求，如何适应女孩的转变，并能用比较恰当的方式来引导和帮助女孩健康成长呢?

我给家长的建议是：大事不糊涂，小事放开手，旅游开眼界，读书长见识。

所谓大事不糊涂，主要指的是女孩的人品和交友两个方面。

学龄期的女孩不仅需要学习课堂知识，更需要家长教她怎样做人和做事。因为在这个阶段，是帮助女孩建立做人、做事标准的重要时期。所以，她不仅需要家长将做人做事的道理讲给她听，更需要家长身体力行地做给她看。

而交友的好坏会直接影响到女孩的成长，甚至会影响到她的一生。所以，作为女孩的家长，对待孩子的交友问题绝不能袖手旁观，一旦发现女孩交友出现问题，家长应该立即采取果断措施断绝他们的交往，即使孩子一时想不通或跟家长哭闹也不能心慈手软。

小事放开手。哪些属于小事呢？我认为像女孩爱照镜子，并且在洗手间一待就是半个小时；喜欢穿新衣服，并且有自己认可的品牌；要求有自己独立的空间或小秘密，不愿意和家长分享；学习成绩不是很理想，但也已经努力了，等等，这些是女孩的普遍现象，也是这个年龄段孩子的共性，作为家长可以不必和孩子斤斤计较，睁一只眼闭一只眼，才是最佳的处理方法。

旅游开眼界。如果家庭条件允许的话，每年带孩子出去走走，看看大千世界，风土人情，这会让女孩形成正确的世界观、人生观和价值观，对她们今后的成长是大有好处的。如果条件不允许的话，多带孩子走进大自然，在家的附近发现不一样的风景也是不错的。

读书长见识。我们经常听到的一句话就是“穷养儿，富养女”，其实说的并不是金钱上的富养，而是精神上的富养。女孩一旦爱上了读书，先人的智慧、历史的厚重、科技的发展、人性的甄别都会随着读书渗透到女孩的血液里，这会让她们自觉地远离那些低级诱惑，让她们焕发出独特的气质和高贵的人格，这不正是家长最期盼的事情吗?

关于男孩子

说起男孩子，很多家长可能都有一肚子的苦水和无奈。但是，无论老师或家长，很有可能不懂男孩，采取的教育方法抑制了男孩的创造力。这不仅对男孩的学习产生影响，而且对男孩如何成为敢于冒险且有担当的人，成为有多方面技能而且能驾驭生活的人，成为阳光的孩子和大人，都有深远的影响。

我看到一篇帖子，是这样说的：

第一名是女孩子，班长是女孩子，
团支书是女孩子，学习委员是女孩子，
语文与英语科代表是女孩子，
乖巧听话的是女孩子，
懂事体贴的是女孩子，
上课认真听讲积极回答问题的是女孩子，
课后认真做作业的是女孩子，
试卷干净整洁的是女孩子，
计算准确无误的是女孩子，
单词默写全对的是女孩子，

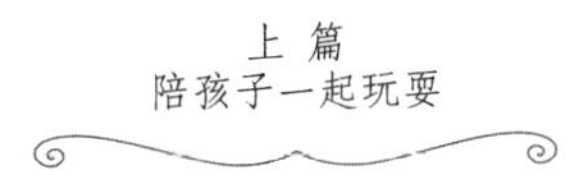

英语发音清晰的是女孩子，
作文被老师拿出来诵读的是女孩子，
阅读理解题解答透彻的是女孩子，
暗暗较劲互拼成绩的是女孩子。

成绩倒数的是男孩子，
不屑做班干部的是男孩子，
上课趴着睡觉东倒西歪的是男孩子，
被老师点名回答问题却连问题是什么都不知道的是男孩子，
老师出错大声质疑不给老师一点面子的是男孩子，
单词默写全错的是男孩子，
口语训练沉默是金的是男孩子，
作文分低的是男孩子，
做阅读不看文章提笔就做的是男孩子，
计算频频出错的是男孩子，
拿喜欢的游戏或球队相互较劲的是男孩子。

这些确实是我们经常看到的现象，也体现了目前学校“阴盛阳衰”的现状。

除了在学校中的表现，我们再来看看不同行业招聘情况。

在各级各类学校招聘中，每年招录的中小学教师中有近三分之二是女性。就连高中数学、物理等学科，近几年也出现了女性教师比例明显提高的趋势，而语文、英语学科则几乎被女性教师所垄断。

在公务员招考中，女性的录取率明显高于男性，这也是不争的事实。而一些高科技企业也逐渐出现了女性人才更多的现象。

我曾经问过一个银行的高管关于招聘的问题，他说：“不论是笔试还是面试，女性具有明显的优势，特别是面试中的表现，差距更加明显。我们即使把对男性的要求放低，也还是很难招到理想的人才。可是有一些岗位，确实更适合男性，对此我们感到很遗憾。”

这到底是为什么？我们的男孩究竟怎么了？问题的症结究竟在哪儿？

其实，这是由于我们不了解男孩，采取了错误的教育方式所造成的。

首先，家长和老师都希望男孩能听话。我们经常听到家长在说，“你听话就给你买”“你听话就让你去玩”“你再不听话我就揍你”……正是这些听话教育，让男孩失去了应有的创造力和想象力，他们不得不听家长和老师的话，不得不按照家长和老师的要求去做。

其次，家长希望男孩能安静。男孩的性格大部分都是活泼好动的，而在过去，男孩可以到院子里去打闹，可以到田野里去疯跑，还可以到庄稼地里去捉迷藏，这些宽阔的地方能容得下男孩消耗过剩的精力，也不会影响到家长的心情和家庭的安静。但是现在这一切都发生了变化，无论是家长还是现在的居住环境，都更要求男孩子能安静地学习、交流和游戏。

最后，家长希望男孩能干净。过去的男孩总是脏兮兮的，玩泥巴、打弹弓、钻地窖，出门一身土，回家一身泥，家家户户都一样，也就都不当回事了。现在大部分家庭住的是楼房，孩子穿着干干净净的衣服，再加上小朋友之间的攀比，家长们则希望孩子能给自己长脸，所以逼迫男孩这不能干那不能碰，这就把男孩的爱好在家长的要求下，一件件地剥离了，剩下的还能有什么呢？

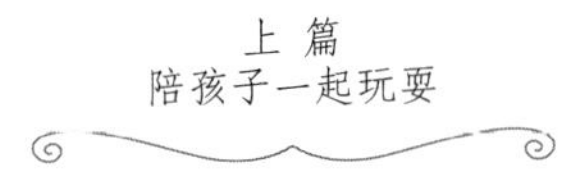

我们一起来看看科学家眼里的男孩吧。

男孩小脑比较活跃，所以他们就爱动。这导致了男孩在静坐和久坐的过程中学习能力总体上不如女孩。男孩更有可能从肢体运动中学习。

男孩对事情的专注程度较高，在同一时段往往只能做一件事，而忽略其他事情。这是由男孩的大脑结构造成的。比如，男孩在玩的时候或者做别的事情时，老师、家长叫他，他就像没有长耳朵似的，为此常常遭到老师和家长的训斥。

男孩需要更多的触觉型体验，以便激发大脑学习的积极性。比如那种动手又动脑的学习方式就比较适合男孩。

男孩需要更多的时间才能记住课堂上讲的内容，特别是写出来的文字内容。这就是背课文对男孩是件难事的一个原因。

但是，因为男孩更偏爱序列，在记忆大量序列和层次分类的信息时优势就非常明显。如，很多男孩写作文，经常是：一是什么什么，二是什么什么，三怎么样怎么样……跟写总结似的，这就是男孩的特点。

男孩容易做出冲动的决定。这种冲动，会使男孩在进行户外独立学习时效果更好。而我们是让很多孩子在一个狭小的教室里固定在座位上学习，男孩的学习效果就大打折扣了，这就导致了男孩在静坐或谈话时的学习效果不佳，这种学习方式自然也无法引起他们的兴趣，他们的脑中学习那个键，常常是通过行为反应、等级竞争和攻击性培养起来的。

大部分未完成作业或在课堂上停止做笔记的大多是男孩，他们喜欢以摆弄铅笔、做各种小动作等方式进行自我刺激，这样做的目的是为了保持清醒以便继续学习。

从这些科学研究来看，我们都错怪了男孩，总以为他们是故意违纪的。而对于青春期的男孩子，由于体育锻炼或活动的时间较少，让他们没有机会发泄掉由于荷尔蒙带来的烦躁。哈佛医学院教授约翰·J.莱特伊说："体育锻炼本身不能使你更聪明，但它能使你的大脑处于最有利于学习的状态。"总之，男孩们在一时冲动惹出麻烦或做错事的过程中学习，才能成长为男子汉。

很多男孩由于淘气、违纪和学习原因被勒令"请家长"。而家长呢，回家后就气急败坏地把儿子"修理"一顿，谁都没有意识到男孩的行为背后隐藏着深深的原因，可以说，我们的教育正在伤害着男孩们。

在这样的情况下，家长应该怎么做？我们改变不了大环境，至少可以改善我们的家庭教育。

我的建议是：看得下去，听得下去，咽得下去。

所谓看得下去，就是在男孩子调皮捣蛋的时候，作为家长不要一味地去限制和干预，应该让孩子有释放天性的空间，让他们在自由的环境中发展个性和爱好。

所谓听得下去，就是在男孩说话的时候，尽量耐心一些，允许他们把话说完，把想表达的意思说完整，因为他们在组织语言的时候经常是跳跃性的。

所谓咽得下去，就是在我们要对男孩发火的时候，话到嘴边要把它咽回去，给他们多一点理解，多一点宽容，多一点自由，因为男孩需要成长的空间，这个空间既包括学习的空间，也包括心灵的空间。

如果能从父母身上得到充分的理解和支持，那么男孩就会健康成长，也会更早地走向独立。

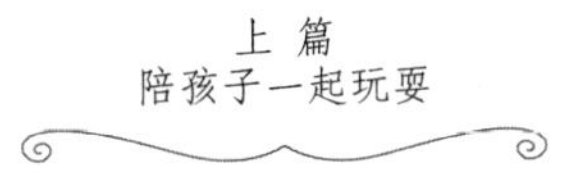

关于家教

常听到一些家长在一起议论家教的问题，说这个孩子有礼貌、家教好，那个孩子见到人连个招呼都不打，真没家教。那么到底什么是家教呢?

我们通常所说的家教，即家庭教养，其实指的就是孩子通过家庭教育的熏陶所体现出来的个人素养、品行，是一个家庭的世界观、人生观、价值观在孩子身上的具体体现，是蕴含在每个家庭成员身上独特的行为习惯和意识。当孩子走向社会的时候，千差万别的孩子呈现出来的是家庭习惯的延续和家教的不同。孩子的表现其实就像是一面镜子，他是一个家庭的缩影，通过孩子的表现能看到一家人的教养和学识。一些孩子不分场合张嘴就是脏话，那么他的家长也好不到哪里去；一个助人为乐的孩子，家长一定是善良有爱心的人；一个认真学习的孩子，他的家长一定是持之以恒的严谨之人；一个爱好广泛、快乐幸福的孩子，他的家庭一定是一个充满欢乐和幸福的家庭。所以，任何一个孩子，都是在父母的教育和家庭影响中，才形成了不同的人格品质和能力。

家教习惯的形成不是一朝一夕的事，更不是有了问题才想起来解决的事情。家教表现在孩子的一举一动、一言一行当中。孩子是否有礼貌、是否习惯排队等待、公共场合是否大声喧哗、穿衣打扮是否另类、能否尊老爱幼、能否爱护公共卫生等这些看似非常小的事情，实际上都是家教好坏的标尺。

大家都知道孟母三迁的故事。为了能让孟子专心学习，孟母经过三次搬迁及“断机杼”，来给他创造良好的环境，激励和教育孟子专心治学，修身养性，终于使孟子成为道德高尚、学识渊博的亚圣。

印度电影大师、影坛全才拉杰·卡普尔在20世纪50年代初自编、自导、自演了影片《流浪者》，此片不仅当年在印度获得空前成功，打破历年来的票房纪录，而且轰动了中国、苏联、罗马尼亚、土耳其等国，1953年获得戛纳国际电影节大奖。该片严肃地告诉人们：决定一个人性格和习惯的不是血统，而是环境。这一主题深深震撼了观众的心灵。正如拉杰·卡普尔所说：“不管你出身于什么家庭，不管是怎样低下的家庭，如果在你的周围有爱情、慈爱和友谊，并有机会获得进步的话，你就能完成伟大的事业。” 它蕴含的哲理非常深刻，也佐证了家庭教育的环境对孩子成长的重要性和影响力。

那么，如何营造一种良好的家庭教育环境呢？作为家长，具体到现实生活中究竟应该怎样去做呢？

首先，家长对孩子的教育应实现一致性，即要有相对统一、完善的教育方法和原则。现代家庭几代同堂的情况较多，也有许多隔代抚养的孩子，家长在教育子女的理念、方法上往往存在很多分歧。祖父母的宠溺和父母的管教往往形成对立局面，甚至父亲和母亲在很多时候也会意见不统一，有时家长还故意在孩子面前分别扮演黑脸、白脸。孩子出了问题，以为一个打、一个护，有吓唬他的、有哄他的，是教育的最有效方法，这其实是大错特错的。在这种氛围中成长的孩子，很容易形成两面摇摆不定的性格。家长的要求不一致，伴随着家长之间的分歧和争吵，孩子也无所适从，孩子不知道哪是对的哪是错的。争吵尽管可以设法避开孩子，但分歧是无法避开孩子的眼光和感觉的。这种分歧会给孩子造成教育的真空，容易让孩子产生投机、侥幸心理，而孩子也往往很善于钻这样的空子。在一面受了管教，就跑到另一面去诉苦；在一面受了罚，就跑到另一面去讨爱。在这边这样说，在那边那样说，这样的孩子就容易养成口是心非的两面派性格，长大以后与人交往也会表现出这样的倾向。另外，由于家长的教育要求不一致，孩子还会误以为家长中有的爱他，有的不爱他；有的专门保护他，有的老是惩罚他。于是孩子对家长就会产生不同的看法、不同的态度。

其次，要树立家庭教育的榜样，也就是说，家长要以身作则、言传身教。父母是孩子的第一任老师，是孩子模仿的榜样。孩子容易模仿成人，他们首先要模仿的是家长，好方面和坏方面他们都会模仿。苏联教育家马卡连柯对家长强调说："不要以为只有在你们同孩子谈话、教训他、命令他的时候，才是进行教育，你们在生活的每时每刻，甚至你们不在场的时候，也是在教育孩子。你们怎样穿戴，怎样同别人谈话，怎样谈论别人，怎样欢乐或发愁，怎样对待朋友或敌人，怎样笑，怎样读书学习，这一切对孩子都有着重要的意义。"

其实，家长的言语、思想、作风、风格等都会对孩子产生很大影响，这是众所周知的。一般来说，家长有良好的思想品德，孩子的思想也往往就高尚；反之，家长言行不正，孩子也必然受到不好的影响。所以，做家长的应随时检点自己的言行，要有意识地在读书学习、言谈举止、为人处世，甚至休闲娱乐、锻炼身体等方面，都要给孩子做出良好的榜样。言教身教要一致，身教应重于言教。父母是孩子接触最多也是最信任的人，如果父母树立不好的形象，孩子会在心理上留下阴影，会影响他们的一生。家长应从自身做起，给孩子营造一个和睦民主的家庭氛围，从方方面面对孩子施以细心的呵护和关爱，使孩子健康成长。

最后，理解、尊重孩子。被尊重、被关爱是人的基本心理需求之一。当一个人觉得被理解、被尊重时，他的内心是温暖的、安全的、放松的，也没有疑虑、没有孤独感。理解、尊重孩子能够有效地拉近父母与子女之间的心理距离，缩小代沟。

但在每天的日常生活中，不少家长往往缺少理解、尊重子女的态度，这就很容易产生矛盾。比如，有一位母亲，出于担心和爱护，常常絮叨女儿要少与男生来往。有一次，母亲竟臭骂了几个来邀女儿去给朋友过生日的同学。这使女儿受到极大的伤害，她觉得在同学面前好没面子，同学也不再跟她来往了。她因此怨恨父母："你们不让我好过，我也要让你们难受。"她向父母喊叫："我就是要气你们！就是不好好读书！就是要把你们的钱拿去花光！"但她内心又很孤独，很苦闷。作为父母，本来是唯恐伤害了孩子，但却在不经意间更严重地刺伤了孩子。结果，既推开了孩子，也被孩子所推开，继而产生了距离、隔阂。这种现象在青春期的孩子身上是经常发生的，也是父母经常会遇到的。

虽然父母与孩子天天相处一室，但是由于缺乏理解和尊重，心理距离却相隔很远。做子女的视父母如同"冤家"，有的动辄跟父母顶嘴发脾气，有的闭锁自己疏离家庭，有的甚至离家出走；做父母的欲恨不能，欲爱无从入手，看着自己亲手抚育一点一点长大起来的孩子，竟变

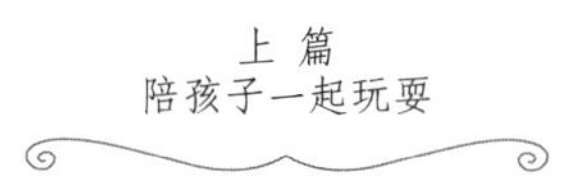

得如此陌生！无论父母也好，子女也好，其实彼此心里都渴望被对方理解，但很多父母却不知怎样去理解这个既熟悉又陌生的孩子，成长中的孩子更不懂得如何去理解自己的双亲。

理解是一种无条件的喜爱与尊重的情感，它需要你的无私和爱心，这在亲子之间，本来应该没有问题，但事实并非如此。作为父母，我们往往把自己的“面子”看得很重，我们往往希望子女无条件地服从我们，我们却不能无条件地去尊重子女。当然，这并不是要求家长认同孩子的一切观点和行为，而是要能够设身处地站在孩子的位置，用他们的视角去看，用他们的耳朵去听，用他们的头脑去想。

理解孩子也并不是娇宠孩子。如前面这个例子中，父母如果能够站在女儿的角度思考，至少不会做出“臭骂前来邀请女儿的同学”这样过于伤害女儿自尊心的行为。父母应该知道，对于青春期的孩子来说，他们比任何人都更“看重”同龄朋友，而“忽视”成年人。做父母的如果不能理解他们，孩子就会向外寻找理解他们的人。反之，父母若能理解他们，他们就会感到家庭的温暖、安全，就会愿意与父母沟通。各位家长应切记，对于青春期的孩子，要先去理解，而后再进行正确引导。没有理解，一切教育、引导都难有真正好的效果，因为他们再不是那个儿童期的孩子了。对上面那个被同学邀请参加生日宴会的女儿，家长完全可以放开思路，先要肯定“社交”对于女儿是重要的，也是必要的。这不仅是因为同龄人能使孩子更开心、更快乐，更重要的是，孩子需要在与同龄人的交往中，来增进对自己对他人的认识和了解。然后，父母再给孩子指出，时间安排上要适当，社交活动不可没有，但也不可占太多时间，毕竟读书学习是主要的。给孩子讲清楚道理，孩子一定也会理解，这样不是很好吗？

家长与孩子之间需要相互理解，理解是爱心和尊重的具体体现。无论父母对子女，还是子女对父母，一般都不缺少爱心，但往往欠缺尊重。像“大人说话，小孩子别插嘴”“就你能，哪里都有你”这种训斥实际上就是对孩子的不尊重，最起码是对孩子存在的不尊重；再比如，“你看人家谁谁谁，什么都比你强，你就知道吃”“都是因为你，我今年的考核只得了个合格，年终奖就比人家少了多少多少”等，这种伤孩子自尊的话语，是不是家长应该少说呢？

正是因为欠缺了“尊重”，结果连“爱心”也感觉不到了。现在你不妨从“理解”开始，一个戏剧性的变化就会出现：你与孩子的心理距离马上就缩小了，你与孩子的口角冲突马上就减少了。那么，理解子女，你需要付出什么呢？不过是一句老话“将心比心”，你说是吗？

除了以上三点，我认为最重要的就是给孩子一个完整的家庭。父母本来就是一体的，完整的家庭给孩子带来的是安全、温馨的感受，而残缺的家庭或单亲家庭总会让孩子处于焦虑、恐慌之中，让孩子用他稚嫩的肩膀去承受成人的过失。

如果夫妻双方确实不能生活在一起了，也不要让孩子去记恨另一方，要让孩子明白，爸爸妈妈不能在一起，是他们不合适了，而爸爸妈妈都是爱孩子的，让孩子感受到双方的爱和谦让，而不是互相争抢孩子，把孩子当成筹码而更加伤害孩子。

前段时间看到电视上采访霍尊和火风，火风说起了他和霍尊的妈妈离婚后，仍然让孩子感受到自己对孩子的爱，而且每到春节，霍尊的妈妈总也会让孩子到爸爸家去过年，让爷爷和孙子过个团圆年。即使霍尊的妈妈每年都是一个人过年，她也会让孩子去感受一个健全的人格形成必不可少的良好家庭观念，而不是每天像怨妇一样痛斥孩子的爸爸。当霍尊和火风同时被采访的时候，我们都看到了那种亲情的自然流露和父爱子孝的感人场面，这才是离异家庭应该有的胸襟和教育，也是给孩子一个正确人生观的基本做法。

当然在家庭教育的过程中，要让孩子性格能够更加完善和健康，家长还要避免以下几种情形：

1. 威胁。成人习惯用威胁的口吻对孩子说话："你再……我就……"尽管这类威胁在大人心目中认为十分有用，但在孩子身上却不一定有效果。因为威胁是对孩子自主权的挑战，只要孩子有点自尊的话，他必定会故意与大人对着干，以此来显示他不是个胆小鬼。

2. 收买。收买就是明明白白告诉孩子，如果他做了（或者不做）某件事的话，就能得到奖赏。"如果……就……" 的许愿方法，有时能刺激孩子暂时达到某个目的，但却不能激励他坚持不懈的努力。对孩子来说，这些话意味着怀疑他的能力，另外也会导致孩子讨价还价，以"你不给我奖赏，我就不规规矩矩"来要挟大人，从而提出更无理的要求。有益的、受欢迎的不是以收买形式出现的奖赏，而是事先没有许诺过的、出乎意料的、体现了父母对孩子的赏识而得到的奖赏。

3. 保证。父母与孩子的关系应是平等的，要互相信任。父母不应向孩子保证什么，也不应要求孩子做保证。如果父母必须依靠保证来强调自己说的是真话，那么就变相地承认自己没有保证过的话是不可相信的了。保证会使孩子产生不切实际的期望。父母也不应诱导或要求孩子保证今后循规蹈矩或绝不再犯某个错误。当孩子做了一个并非出于自愿的保证后，他等于开了一张空头支票，我们不应鼓励这种欺骗行为。

4. 讽刺。父母讽刺孩子，会阻碍孩子的进步。它往往为自己与孩子之间的有效交谈设下了牢固的障碍。挖苦的语言会招来孩子的反击，会在自己和孩子之间筑起一层屏障。在教育子女中，父母不应用讽刺和挖苦的语言，不应该降低孩子在他自己或在他同伴心目中的地位。

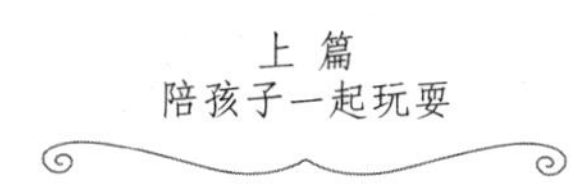

关于表扬和鼓励

孩子都是喜欢别人夸赞的，哪怕是只有几个月大的孩子。小婴儿最早学会的就是“察言观色”，他会通过大人的脸色、表情、声调去判断好坏。半岁以后，孩子能听懂一些话了，通过对大人语言的理解，他们知道什么是表扬和鼓励，什么是“不行”。

表扬和鼓励对孩子意味着什么呢?

表扬和鼓励最重要的作用是让孩子感到成功和快乐。每当他做了一个动作，如欢迎、再见等，得到大人的称赞时，孩子一般都会再重复刚才的动作，再让大人赞不绝口。其实，这是他在体验快乐。从更深层次的意义上去理解的话，表扬和鼓励是孩子智力发展的动力。它让孩子对事物产生兴趣，而成功和快乐又让他产生自信，这对孩子一生的成功与否可以说关系重大。

所以，每个父母，不要吝啬你的表扬和鼓励。从心理学角度讲，这种发自内心的称赞，哪怕仅仅是竖起大拇指这样一个简单的动作，都会起到你意想不到的巨大作用。

鼓励是家庭教育中比较重要的方法之一，每个孩子都需要不断地被鼓励才能获得自信、勇气和上进心，这就像植物必须每天浇水才能生存一样。清代教育家颜元所说“数子十过，不如奖子一长”正是这个道理。

许多家长经常不自觉地在行动和语气上表现出对孩子的不满意，如孩子自己学着吃饭，弄得满脸饭菜，有些父母干脆抢过勺子来自己喂；小孩子帮助大人收拾碗筷，不小心打碎了盘子，大人马上说：“你还能干点啥，连个盘子都拿不好，真没用。”这些言行无疑使孩子心中刚萌生的信心受到打击，也阻碍了孩子尝试挖掘自我潜能的意愿。但是如果不让孩子去尝试和学习，孩子长大后也不可能会做事。因此，家长应该尽量避免表现出认为孩子是失败者的情绪。相反，家长必须明白“去做”和“做成功”是两回事，“失败”只是表示技巧不够熟练而不应影响“去做”的价值。家长对孩子“不完美的勇气”要给予不断的鼓励和培养，否则孩子会随时产生挫折感，影响心智的发展。

儿童期的孩子更应得到更多鼓励和表扬，使他们的学习心境保持喜悦，这是适应儿童年龄特点和遵循儿童教育规律的。实践已经证明，一个人在愉快的心境中学习，无论是感觉、知觉，还是记忆和思维，都会处于活动的最佳状态。对于儿童，鼓励能使其记忆得到强化。及时、适当的鼓励，是对儿童努力记忆的报偿。儿童体验到记忆知识的愉快心情，就会强化记忆的效果。鼓励还能增强儿童的自信心，只有当儿童看到自己的力量时，才会产生积极活动的欲望和情绪，才能主动地去求知。对于12岁以前的孩子来说，表现得更为明显。因此，家长对儿童坚持正面教育和诱导，以表扬和鼓励为主的教导方法，是维持和发展儿童浓郁的学习兴趣的根本原则。

这里我想说一说我外甥的例子。这个孩子是比较聪明的，在刚上小学的时候，老师讲的内容很快就能掌握，作业也能很快完成，然后就

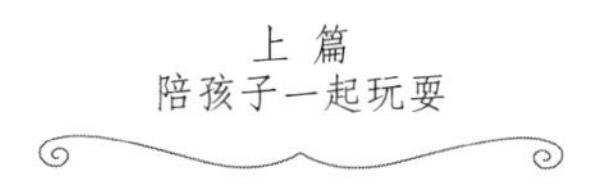

开始玩，要不就是和其他孩子说话。老师一看到他“捣乱”，就开始批评，甚至罚站，还经常叫家长。而每次叫家长后都是一顿揍在等着他，孩子一直在申辩：“老师教的东西我都会了，不让我玩，那我干什么？”可是家长根本不听孩子的辩解，结果孩子一气之下，把所有的书全都扔了，就是不上学了。孩子好歹被父母劝到学校去了，也不学习了，经常被老师从课桌底下揪出来，然后又推搡着让家长来领回去，俨然成了一个“问题学生”。孩子整天处于老师和家长的批评、挖苦中。这种现象一直持续到孩子上小学五年级。

在老师和家长都对这个孩子失去希望时，孩子的妈妈却发现，就是在这样的情况下，孩子的考试成绩也还能说得过去，并且孩子的善良、实实在在的性格也是让老师和家长感到欣慰的。由此入手，妈妈开始对他进行引导和鼓励。妈妈从夸奖孩子的爱心、赞扬孩子助人为乐的行为、夸赞孩子的成绩还不错等方面入手，让孩子感受到了自己的优点，增长了自信和自尊。然后妈妈根据他的作业情况，尝试着找一些难度大的题目，鼓励孩子去做，当孩子正确做出一个较难的题目时，妈妈就给予及时的表扬。慢慢地，孩子变了，变得听话了、懂事了，也变得阳光了、快乐了，不再是那个令家长和老师头疼的问题孩子了。良好的学习、生活习惯就这样在不断的鼓励和正确的引导下形成了，孩子顺利考上了初中、高中，高中阶段的学习成绩一直在全校名列前茅，成了全校学生学习的榜样，也是老师眼中的好学生，最后高考时，孩子以672分、全市第四的成绩被南京大学信息工程学院录取，来了个华丽的蜕变。表扬和鼓励就是这么神奇，它会给我们带来无限的惊喜。

但是表扬和鼓励也是有原则的，不是随口就来的说辞。我们可能都

看到过以下这个故事吧：

有一位到北欧某国做访问学者的教师，周末到当地一位教授家中做客。一进门，她就看到了教授5岁的小女儿。小女孩满头金发，漂亮的蓝眼睛让人觉得特别清新。她不禁在心里称赞小女孩长得漂亮。

当她把从中国带去的礼物送给小女孩时，小女孩微笑着向她道谢。这时，她禁不住夸奖道："你长得这么漂亮，真是可爱极了！"

这种夸奖在中国是很普遍的，也是中国家长最喜欢的一种夸奖方式，但是那位北欧教授却并不领情。在小女孩离开后，教授的脸色一下子就阴沉下来，对中国访问学者说："你伤害了我的女儿，你要向她道歉。"访问学者非常惊奇，说："我只是夸奖了你女儿，并没有伤害她呀？"教授坚决地摇了摇头，说："你是因为她的漂亮而夸奖她。但漂亮这件事，不是她的功劳，这取决于我和她父亲的遗传基因，与她个人基本上没有关系。孩子还很小，不会分辨，你的夸奖就会让她认为这是她的本领。一旦她认为天生的漂亮是值得骄傲的资本，就会看不起长相平平甚至丑陋的孩子，这就给她造成了误区。"

"其实，你可以夸奖她的微笑和有礼貌，这是她自己努力的结果。"教授耸耸肩说，"所以，请你为你刚才的夸奖道歉。"

中国的访问学者只好很正式地向教授的小女儿道了歉，同时赞扬了她的微笑和礼貌。

这件事让这位访问学者明白了一个道理：赏识孩子的时候，应该赏识孩子的努力和礼貌，而不应该赏识孩子的聪明与漂亮。因为聪明与漂亮是先天的优势，不是值得炫耀的资本和技能，但努力则不然，它是影响孩子一生的可贵品质。

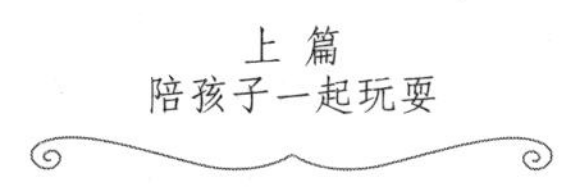

请大家记住：不要夸孩子漂亮，要夸赞她的礼貌和微笑。

看完这个故事，我们中国的家长是否需要反思呢？我们在表扬孩子的时候，往往分不清哪些是经过孩子的努力而获得的成绩，哪些是孩子天性使然引起的效果，总是一看到比较好的表现马上就跟上表扬，甚至一个孩子穿了一身漂亮的衣服，我们也会大加赞赏。上面的故事我想会给我们一些指导和帮助。

关于批评和惩戒

经常听到有的妈妈说："孩子常常无理取闹，到超市就要买这买那，不给买就坐在地上哭闹。到别人家去就乱翻乱动，还爬到人家沙发上乱蹦，无论你怎么说，孩子都不听话。每次我都会气不打一处来，回到家就痛打一顿，打完后又心疼，想想孩子才4岁，虽说不听话，但总归是心疼的。"

还说："打了孩子，一是心疼孩子，二是后悔，生怕会在孩子的心里留下不良的阴影。到底该不该打孩子？打了孩子后应该怎么办呢？"

有的说："我们也知道，尽量给孩子讲道理，让他们知道自己的错误，希望以后能少犯错误，但现实是这些大道理孩子根本听不进去，打都记不住，还指望讲道理吗？"

其实这种现象非常普遍，也是困扰家长的一大问题。一般来说，惩罚孩子的方式大约有几种方式：一是高压式，也就是我们通常所说的棍棒底下出孝子，遇到孩子出了问题或犯了错误，不分青红皂白就拳脚相加，让孩子屈服于家长的高压，虽然现在这种家长逐渐减少了，但也还有一定的比例；二是恐吓式，也就是那种"我不要你了，我不想看到你了"，或者以关黑屋来吓唬孩子的一些冷暴力方式，家长往往利用孩子的依赖心理，让孩子害怕失去爱而不得不就范；三是说服式，家长会耐

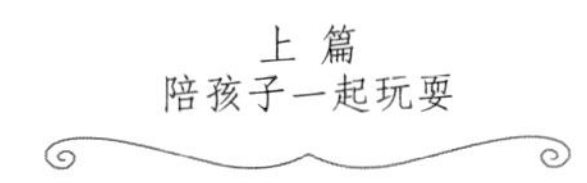

心解释孩子的行为不恰当的原因，并给孩子明确提出正确的建议，让孩子既知道自己错在哪里，又能知道改正的方法；四是综合式，即以上几种方法都使用，只是使用的频率不同。

前两种方式是家长应该尽量避免的，因为这种处理方式，可能短时期管用，孩子畏于家长的高压不敢再犯，但那只是表面的屈服，不可能让孩子真正认识到自己的错误。我们推荐第三种方式，家长尽量克服自己的愤怒情绪，按照说服引导的方式去批评孩子，让孩子认识到自己的错误，并自觉改正。当然，这在家庭中也许很难实现，那么就试着采取综合的方式吧。具体怎么操作呢？

我想分三个方面跟家长们谈一谈。

如果是孩子小于6岁而犯了错误，做家长的一味地给他讲道理是起不到太大作用的，他也根本听不进去。这时候家长就要冷静分析一下孩子犯错误的原因：是他的要求没有得到满足还是想发泄不良情绪？是和其他小朋友玩闹造成的还是家长的食言引发的？是身体不舒服还是故意捣乱？其实查找原因的过程也是家长平复情绪的过程，同时孩子也会在这延迟的惩罚中逐渐恢复平静。这时候再晾一晾孩子，也许孩子就能意识到自己的错误了。当双方情绪都平复后再跟孩子讲道理，应该会起到一定作用。

如果孩子处于学龄阶段而犯错误，那么家长就要和老师及时沟通，协助学校做好孩子的工作。因为在这个阶段，孩子犯错误不会只在家庭或学校独立犯错，可能互相牵连和影响。这时对犯错的孩子不能无视抑或是抱着一种树大自直的心态，或者干脆认为孩子上学了，一切都交给老师了，这些态度或心态都是不正确的，家长一定要配合老师做到批评和惩罚相结合，并在重大问题上保持家长的权威，让孩子有一定的惧怕心理还是必要的。

如果是家长的原因导致孩子不听话或犯错误，比如答应给孩子买玩具、承诺周末带孩子去公园等，孩子没有得到满足，当然会采取一些错误的方式来引起家长的注意，这时候家长应该主动承认错误，并及时修正，以便让孩子能在此过程中学到言而有信或主动承担责任的勇气。

道理大家都懂，虽然体罚孩子有许多负面的影响，但是，在教育孩子的过程中，因一时冲动打了孩子，也是许多父母经常会出现的情形。那么，如何调整自己的心态？如何让“打”孩子发挥更有效的作用呢？

我觉得既然打了孩子，家长要站在同一立场上，而不是有的唱红脸，有的唱白脸，这样只会适得其反。有的家长打完以后，又后悔了，忙不迭地给孩子一个甜枣吃，各种满足各种哄，这也是不可取的。其实，打完孩子后，应该让孩子明白，打了他，爸爸妈妈也很伤心，但是，即使他错了，爸爸妈妈还是爱他的。打他只是为了让他记住，下次不要犯同样的错误。

中篇　陪孩子一起学习

这一篇，咱们主要来说说家长如何应对孩子在上学阶段遇到的一些问题。

从上小学开始，直到初中、高中以及大学毕业，孩子在各个阶段都会出现这样那样的问题和困惑。陪孩子一起学习，指的就是家长面对不同时期的这些问题和困惑如何加以应对和解决。它是一个宽泛的概念，是告诉家长们在孩子的学生时代，如何让孩子感受到学习带来的快乐，如何一起面对和承受孩子成长中的烦恼和痛苦，如何让孩子更加健康快乐地成长，而不是要家长陪着孩子学习课本知识，也不是陪着孩子做作业，更不是盯着孩子的学习成绩。

关于上学

也许有些家长会说，上学还有什么要说的吗？根据规定，6岁上学是顺理成章的事，不是我们能改变的，也不是我们该管的事情。的确，对于上学的年龄，教育部规定，孩子从6岁开始就应该注册学籍上学，绝大多数家长也都是按照这个规定把孩子送到学校的。但是，有一些家长却认为不能让孩子输在起跑线上，非要舍脸求人地让孩子早上学，甚至有的家长还算了一笔账，早上一年学，早毕业一年，也就早就业一年，就会有提前一年的时间和机会。要是赶上生育高峰期出生的孩子，家长更要让孩子早上学，在就业时有一个时间差，孩子相对来说能够更容易地找到比较好的工作。而好的工作带给孩子的不仅是收入的多少，还有婚姻家庭、升迁机会、社会地位等这些隐性东西，而这些隐性东西往往更能给孩子带来幸福。

我想持这种观点的家长应该不在少数，他们自以为道理很清楚，想法也很正确，没有什么能动摇他们让孩子早上学的决心，甚至为了让孩子早上学又不至于跟不上其他孩子的学习进度，家长就过早地让孩子接触小学教材和内容，在家里给孩子讲习课本知识。

那么，这样做究竟对不对呢？现在我们就来分析一下这样做存在的问题。

首先，上学是每个孩子必须经历的人生过程，也是孩子成长的必经之路，孩子没得选择，家长也没得选择。而6岁上学，是我们的教育学家、心理学家、社会学家、医学及遗传学家等，根据我国儿童的生理和心理发展特点，综合现代社会发展的各方面因素评估出的一个年龄节点，是符合现阶段实际的一个最佳入学年龄。据专家研究，人的大脑发育，到6岁时能达到成人的95%左右。0～6岁是大脑开发的黄金时期，开发得当并发现潜能，将受用终身。这个时期是输入信息的时期，理解是以后的事。这时候应注重孩子认知的提高，并让他们学会做力所能及的事情，学会共同生活。而这之前上学，就像是小马拉大车，不符合客观规律，孩子可能会不堪重负。

其次，让孩子早上学，是家长的一厢情愿，并没有给孩子选择权。让他们过早地接受学校的正规教育和管理，是变相地剥夺了孩子们玩的时间，也就相应地缩短或减少了孩子学龄前的一段历程。这也许会是一个很重要的过渡历程，减少了这个过渡历程，可能对孩子的思维方式的形成、性格的形成及身体发育等产生重要影响。孩子的童年生活不完整，这对孩子来说可能会是一种缺憾。

第三，让孩子早上学，其实是一种拔苗助长的行为，体现的是家长的焦虑和恐慌，家长没有把孩子当成一个独立的个体来对待，孩子的成长完全由家长代替和设计。这不利于培养孩子的独立性和自立能力。

那么，这样做的后果是什么呢？

家长们都很熟悉1岁孩子和半岁孩子的区别，半岁的孩子只知道吃喝拉撒，即使对人微笑，我们也很难断定是愉快还是天性，对大人的话也几乎听不懂；而1岁的孩子则完全不同了，他们会咿呀说话，会蹒跚迈步，会和家长互动，甚至学到了一些手势和表情。再看看5岁半和6岁的区别。虽然随着孩子成长，这种半岁区别会逐渐减小，但5岁半他不明白的傻问题，6岁时对他来讲有可能已经是“小儿科”了。无论是个头还是心眼，无论是自制力还是适应性，5岁半的孩子都不能和6岁的孩子相提并论。看似几个月的年龄差，但对于孩子来说，年龄越小，表现出来这些智力、体力、能力等各方面的差距就越大。

就拿我的孩子来说吧。在20世纪90年代中期，国家规定上小学的年龄是7周岁，也就是在8月31日以前出生，满7周岁的孩子才符合上学的条件。但是我的儿子是二月份的，也就是早一年是6岁半，晚一年就是7岁半，为这事我犹豫了很久，问了一些家长和老师，有的说还是找找人早上好，说辞和上面提到的家长的观点大致相同，有的家长说还是晚一年上学吧，孩子小，在学校里会受欺负的。最终也没有定论。这时候我开始观察周围孩子的行为和习惯，发现男孩和女孩的区别很大，女孩爱静，男孩爱动，女孩能长时间关注某件事情而男孩则不行，女孩很快能理解大人所说的话而男孩可能就要慢一些等，加上孩子个头不高又很顽皮，所以我决定还是让孩子晚上一年学，让孩子在幼儿园里再放松多玩一年。

第二年，在孩子做好了充分准备的时候，开始了他的求学生涯。第一天放学回来，孩子像报告一件大事似地跟我说：妈妈，今天一个小孩子也来上学了，上课铃一响，我们都往教室里挤，后面的同学一推他，他不小心碰了我一下，就很害怕地说“哥，我不是故意的”，我向他挥了挥拳头吓唬他，看他比较小又很胆怯的样子，就保护着他一起挤进了教室。从这件事发生的第二天开始，我的孩子就受到很多同学的“敬

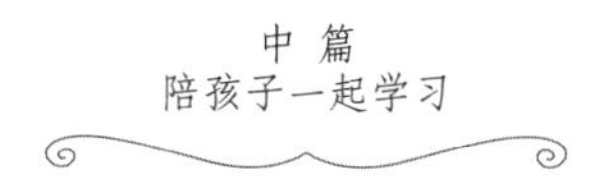

畏”。加上他个头相对比较高，理解能力也较快，老师有事的时候会让他帮着看班，让他帮着拿小黑板，还会让他去干这干那，得到了老师的关注，其他同学就更加聚集在他的周围了，他成了班里的佼佼者。孩子的自尊心得到了极大满足，自信心也得到了强化。整个小学阶段，他都是在这样的环境、氛围中度过的。孩子快乐地完成了小学的学习，顺利地进入到了初中，并且成为一个浑身充满了正能量的好学生。

这段经历告诉我们，一年的时间，孩子的身高、心智，自理能力、自觉性等，会有很大变化。在小学的几年，这些就是他的优势，仅凭这些就会受到老师更多的关注和同学们的维护。如果在学习等各个方面表现得再优秀一些，再加上老师的鼓励、关心、爱护，孩子在学校里就可以很愉快地学习，很快乐地成长，也能比较轻松地建立自己的小圈子，与同学和老师建立更为友好、融洽的关系，从而良性循环，保证他在学校阶段的健康成长。

现在流行这样一种说法，那就是，晚一年上学，是给孩子最好的礼物。这和我的选择不谋而合。其理由是：

1. 男孩儿相对来讲都比较爱动，并且听讲不专心、缺少耐心，晚一年入学，这些不足都会有很大改观。

2. 会玩的孩子更有创意，会玩的孩子更有发展空间。让孩子在幼儿园多玩一年，可以让孩子少些束缚，更加无忧无虑。

3. 孩子一旦开始上学就要一鼓作气坚持到大学毕业，这是人生的长跑，孩子做的准备越充分，人生胜算的把握越大。

4. 孩子的儿童期越长，得到的正面滋养就越多，将来孩子在人生道路上发挥各种潜能的几率就越大。

为了我们的孩子更勇敢、更强壮，更具有适应能力和抗压能力，还是让孩子晚一年入学吧。没有谁会嘲笑他比人家大半岁，大家只会嘲笑谁比较弱。不要完全相信商家宣称的“不要让孩子输在起跑线上”，而让孩子早上学。“抢跑”上学，其实就是一种违规行为，也极有可能成为一种拔苗助长的行为。如果真有起跑线在那里，晚一年上学的孩子，会有更多的耐力、更多的智慧，他一定会迎头赶上并超过，他会跑得更好，赢得更有把握。

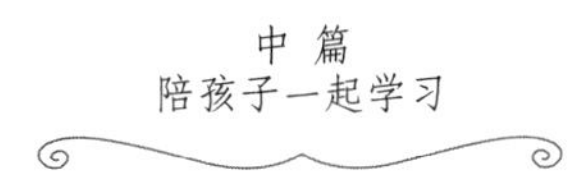

关于学习习惯

我们常听一些老师说，这个孩子会学习，学习方法好，成绩好，那个孩子下的功夫不少，可就是不出成绩。还有的老师说这个孩子虽然聪明，但是浮躁，经常在不该出错的地方出错，令人头疼；而一些孩子虽然并不聪明，但肯吃苦，成绩很稳定，让人放心，等等。这些情况的出现，基本上都与孩子的学习习惯的好坏有直接关系。小学阶段，培养孩子良好的学习习惯非常重要，也是影响以后学习能力和学习成绩的关键因素。那么，除了老师的引导和教育外，我们家长在哪些方面可以帮助孩子养成良好的学习习惯呢？下面我从几个比较重要的方面说一说，供大家参考。

第一，要让孩子养成良好的听课习惯。认真听课是学习的关键环节，重要教学内容都是通过老师的讲解传输给学生的，不会听课就不能完全理解课本知识，也不会完全掌握所学内容，对今后的学习成绩影响很大。因此，家长应该有意识地让孩子养成认真听讲的习惯，这可以在家里进行一些有益的培养。比如，在和孩子交流的时候，让孩子专心听家长说话的内容，然后有意识地让孩子复述家长刚才说的话；在听孩子说话的时候，家长也要全神贯注，千万不能边做事边听孩子说话，更不要时不时地打断孩子，影响孩子说话的完整性。为了训练孩子听的能力，家长还可以单独拿出时间，就某个问题认真与孩子交流，以引起孩子的重视，并及时给孩子表扬和鼓励，让孩子意识到在听重要内容的时候，要聚精会神地听，尽量听全听懂。当然家长还要注意与孩子说话的语气、语速等，让孩子有充分的时间去消化和理解所听到的内容。这些小方法非常适合对低年级孩子的训练，也会有很好的成效。

第二，要培养孩子良好的写字习惯。现在许多单位在招聘员工的时候，要求大学生提交的简历用手写而不是打印件。他们的目的一是防止抄袭和复印，二是通过看写字水平来了解学生的性格和严谨程度。一般来讲，孩子经历过写字训练，可以很好地磨炼意志、陶冶性情，培养自我管控能力、忍耐力和做事认真严谨的态度，也可以增强自信心。能写一手好字，在很大程度上他就能做到气定神闲、泰然自若。就目前及以后的形势来看，中、高考都是网上阅卷，扫描试卷后发送到电脑上，如果书写不规范、字迹潦草的话，会给阅卷老师增加负担，影响阅卷老师的情绪，相应地就会影响判分。在作文阅卷要求中还有明确的卷面分数，这也是一个重要的因素。如果能写一手好字的话，可以增加阅卷老师的好感，无形中会提高分数。在当今“一分就是一操场”的竞争局面下，这是不容忽视的条件。

小学学习的知识较少，时间相对宽裕，正好是培养孩子良好的写字习惯的机会。一旦到了中学，学业压力大，作业多，孩子忙于应付，基本抽不出时间练字。家长要充分利用好小学阶段宝贵的时间，让孩子养成良好的书写习惯，掌握书写技巧，逐渐提高书写速度，为今后的学习和工作打下良好的基础。

第三，要培养孩子认真做作业的习惯。布置作业是学校教育中的关键环节，也是老师检查学生是否掌握知识的有效手段。通过做作业可以检查学习效果，加深对知识的理解，同时还可以帮助学生梳理知识体系，培养学生的思维能力。但是在这个问题上，小学生家长往往重视的是孩子的作业是否正确，而忽略了孩子对时间的把握。家长总觉得孩子能正确地完成作业，就说明孩子对当天所学的知识理解和掌握了，至于用了多少时间，并没有给予足够的重视，顶多看到孩子磨蹭了就催促一下，也不能引起孩子的注意。当孩子出现做作业粗心、拖拉等毛病的时候，再要求孩子改掉坏习惯就有难度了。家长要从开始就注重孩子做作业时良好习惯的培养，不能放任自流，但也不能紧盯着孩子写作业，以影响孩子的情绪，造成一些不必要的矛盾。我们经常看见有的家长喜欢盯着孩子做作业，一旦发现有问题，或字写错、写歪了，一边帮着孩子涂擦，一边批评、埋怨、责怪孩子："怎么搞的，又做错了，总是改不掉。""说过多少遍了，就是记不住，气死人了。"而有的孩子则是边做作业边看电视，家长忙于家务也不及时教育，时间长了，孩子养成了做作业不专心的坏毛病，以至于做任何事情都不能集中精力，这时家长才慌忙去管教，已然是来不及了。

还有的家长虽然给孩子单独开辟了安静的学习环境，让孩子在书房或卧室里写作业，但没有给孩子严格的要求和限定时间。当孩子独自写作业的时候，很多会边玩边写，养成了拖拖拉拉的坏习惯，而家长则茫然不知，还觉得孩子的学习是他自己的事，用不能打扰他来开脱责任。

其实，孩子小，自制力差，一些习惯的养成是需要家长和老师配合完成的，对待作业也是如此。因此，为了培养孩子良好的做作业的习惯，家长必须做到以下几点：一是让孩子在写作业前先复习一下当天的课业内容；二是孩子写作业的时候，家长不要指手画脚、催促和责备；三是家长尽可能在旁边安静地看书，远离手机和电脑；四是家长给孩子限定完成作业的时间；五是家长要认真检查孩子完成的作业。当孩子做作业的良好习惯养成之后，家长再放手让孩子独自去写作业，就能收到较好的效果。

虽然给出了一些建议，但有些孩子已经形成了磨蹭拖拉的习惯，怎样去纠正呢？我觉得还是得分情形来处理。

如果孩子只是单纯的拖拉，而对作业内容都基本上掌握正确的话，采取以下三个方法也许能起到一定的作用。

一是限时。家长根据作业量的多少大体估计出做作业的时间，然后要求孩子在规定的时间内完成，同时可以用一些奖励措施来激励孩子。

二是陪读。为了纠正孩子做作业拖拉的习惯，先陪着孩子写作业，让孩子有一定的心理压力。当然在陪读过程中，家长不要总想着代替孩子去完成作业，更不要在孩子思考的过程中打扰孩子。当孩子逐渐改掉拖拉的毛病后，家长就及时退出，给孩子一个自主写作业的空间。

三是没收橡皮。一些孩子不光是追求作业的质量，还要追求美观，他们经常写了擦，擦了又写，从而延长了做作业的时间，长此以往，反而形成了拖拉的毛病。

如果孩子是因为没学会课堂知识造成的拖拉，家长就要耐心地同孩子一起，先把所学的知识搞懂，然后做一些课本上基础性的题目，让孩子对所学知识有了清晰的认识后，再让孩子写作业，而不是一味地催促孩子或嫌弃孩子。人的智力确实有一定的差别，家长要有让孩子做普通

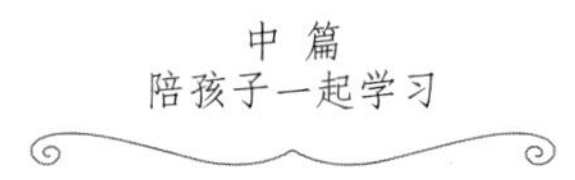

人的胸怀，也要有“慢慢来，你会学会的”这样的耐心。

还有的孩子是缺乏条理性，不知道先干什么后干什么，想起一件事就放下了手头上的事。如果是这种情况造成的拖拉，家长应该先让孩子学会有条理地做事，训练孩子认真地做完一件事后再去做另一件事，当他们做事有条理后，拖拉的问题自然就解决了。

第四，注意力的培养。长久稳定的注意力是学习习惯中最重要的方面，小学阶段是培养的关键期，特别是孩子上学初期，就要加强注意力的培养和训练，使孩子养成专心致志读书学习的习惯。具体有以下几种训练方法：

1. 培养孩子善于集中注意力。善于集中注意力的孩子不但学得快、掌握得牢，学起来也比较省劲，而且完成作业快，质量也高，学习的效率、效果都比较突出，也能有更多的时间进行娱乐活动。在小学阶段，低年级学生的主要任务是养成良好的学习习惯，而稳定持久的注意力是学习习惯中最重要的一方面。

2. 给孩子营造安静整洁的学习环境。孩子的书桌上除了文具和书籍外，不应摆放其他物品，以免分散他的注意力；抽屉和柜子最好上锁，以免孩子随时翻动；书桌前方除了张贴与学习有关的地图、公式、拼音表格外，不要贴其他吸引孩子注意力的东西；女孩的书桌上不宜放置镜子；不要让孩子一边看电视，一边做作业。

3. 要求孩子在规定的时间内完成作业。有些父母因为孩子的注意力不集中就在孩子身边“站岗”，这不是有效的办法，长期下去会使孩子产生依赖心理。应给孩子设置一个合理的时间范围，让孩子在规定的时间内完成作业。同时，父母应该了解，注意力持续时间的长短与孩子年龄有关：5~10岁孩子是20分钟，10~12岁孩子是25分钟，12岁以上孩子是30分钟。因此，想让8岁的孩子持续60分钟做作业是不科学的。

4. 对孩子讲话不要过多重复。有的父母对孩子不放心，一件事要反复讲几遍，这样孩子就习惯于一件事要反复听好几遍才能弄清。当老师只讲一遍时，他似乎已习惯不去听或没听清，这样听课会使得孩子不能很好地理解老师的讲课内容，也就谈不上取得好的学习效果。

5. 训练孩子良好的听力。“听”是人们获得信息、丰富知识的重要途径，会听讲对学生来说非常重要。父母可以让孩子听音乐、听小说，鼓励孩子用自己的话描述所听到的内容，从而培养孩子专心听讲的好习惯。

6. 合理安排学习内容的顺序。开始学习的头几分钟一般效率较低，15分钟后达到顶点。根据这一规律，可建议孩子先做一些较为容易的作业，在孩子注意力最集中的时间再做较复杂的作业，还可以口头作业与书写作业相互交替着做。

总之，良好学习习惯的养成，不是一朝一夕的事情，需要家长和老师的耐心培养以及持之以恒的训练，是家长、老师和孩子共同努力的结果。

关于学习态度

我们常说“态度决定一切”，而所谓的学习态度，是指学生对学习及其学习情境所表现出来的一种比较稳定的心理倾向。它通常可以从学生对待学习的注意状况、情绪状况和意志状态等方面加以判定和说明。

这里我先给大家讲一个我侄子的小故事。孩子在上小学三年级的时候，各种表现都非常优秀，学习成绩也在逐渐上升，班主任老师就对孩子说，你在期末考试中如果语文和数学都能考到97分以上，我们就评你为“三好学生”。因为孩子还从没有得到过这样的荣誉，因此备受鼓舞，也积极去努力。可是到期末考试的时候，由于学校出的题相对较容易，大部分学生的成绩都在95分以上，光双满分就有十几个，而“三好学生”的名额有限，我的侄子虽然都考到了98分以上，超额完成了老师的预期，但没有被评为“三好学生”。这对孩子的打击非常大，回家说了句“我以后再也不给老师学了”，就愤愤地把书包一扔，出去玩了。结果可想而知，他看到班主任老师就烦，他的课也不听，严重影响了孩子的学习情绪和学习热情。到三年级结束的时候，孩子的成绩一落千丈。幸亏学校在四年级的时候重新分班，侄子被分到其他班级里面，换了新的班主任，情绪才慢慢好起来。

这种现象其实非常普遍，这就是典型的学习态度中的情感成分对学习成绩的影响。

所以说，每个家长都应该充分认识学习态度的重要性，并有意识地培养孩子良好的学习态度，尽量克服各种不良影响对孩子学习态度造成的伤害。

从理论上来说，学习态度由认知、情感和行为意向三种心理成分构成。认知成分是指学生对学习活动或所学课程的一种带有评价意义的认识和理解，它反映着学生对学习价值的认识，它是学习态度的基础。情感成分是指学生伴随认知而产生的情绪或情感体验，如对学习的喜欢或厌恶等，由于情感本身就反映出学生的学习态度，因此情感成分是态度的核心。行为意向成分是指学生对学习的反应倾向，即行为的准备状态，准备对学习做出某种反应。一般说来，学习态度的上述三种成分是相互协调一致的。

学生的学习态度不仅直接影响学习行为，而且还直接影响学习成绩。那些喜欢学习、认为学习很有意义的学生，上课注意听讲，按时完成作业，学习成绩优良。相反，那些对学习不感兴趣、认为学习无用的学生，课堂行为问题多，学习成绩也差。

就学生学习态度的形成来说，受家长态度的影响是非常明显的。家长对科学文化知识的态度，对待子女学习的重视程度，在很大程度上影响着他们子女的学习态度。一些研究指出，大多数热爱学习、学习积极性高的学生来自重视文化知识修养、求知欲高的家庭。这类学生的父母，大多是中高等学历水平。相反，大多数不爱学习、学习成绩差的学生，其父母的学历可能相对较低，容易轻视文化科学知识的价值。另

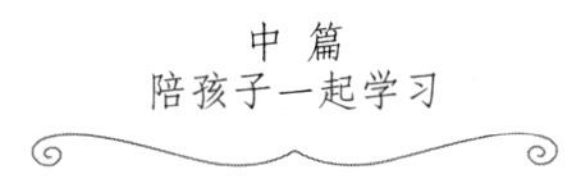

外，从经验和日常生活观察中还可以发现，那些关心子女学习进展情况，对孩子的学习态度和学习行为不断给予指导、检查和奖惩的家长，促进了孩子积极学习态度的形成和学习成绩的提高。相反，在对孩子学习不闻不问、任其自由发展的家庭环境中长大的学生，很少有积极的学习态度，也无法取得优秀的学习成绩。

我们经常听到一些家长在教育孩子："你学习是为谁学的，家长要不了你的，老师也要不了你的，还不都是为你自己！""我们整天逼着你学习，还不是为了你长大后能过好日子吗？""学习不是应付老师，也不是为家长，是为了你的前途。"这些话实际上就是说的学习态度问题，是家长觉得孩子学习态度不端正才这么说的。

但是这些话，孩子根本听不进去，他们不知道将来会怎样，也不知道命运是掌握在自己手中的，就知道作业是给老师做的，上学是为家长去的，老师严厉就多学点，老师温和就少学点，家长逼着做作业就写得快，家长不管就开始磨蹭，想着法与老师、家长斗智斗勇，这些表现都是学习态度不端正的具体表现形式。

还有的孩子是因为喜欢某个老师而爱上了这门课程，有的孩子是因为不喜欢某个老师而讨厌某门课程，这在学生中也是一个普遍的现象。

还是来说说电视剧《大宅门》吧。白景琦小的时候找了七八个先生，哪一个也教不了他，他变着法地气老师，调皮捣蛋出了名，直到来了个季先生。这个季先生能文能武、知书达理，还精通医理，更主要的是他了解白景琦的心理动向，能根据孩子的个性进行引导式的教学。季先生让白景琦佩服得五体投地，季先生俨然成了他的偶像。从此，他再也不是那个小混混、捣蛋包了，而是变成了夜读史书、晨练武术，勤奋好学、正直踏实的一个孩子。他的转变来源于对老师的敬佩，也得益于老师的方法，更在于老师教的东西引起了他的兴趣和欲望。

所以说，学习态度并不是光凭口头教育就能端正的，要通过提高孩子的学习兴趣、营造良好的家庭学习氛围、改变家长对学习的态度和认知等各方面努力，让孩子从内心理解了学习到底是为了谁，这时候他才能自觉去学习。

培养孩子良好的学习态度，就从改变家长的认知态度开始吧。

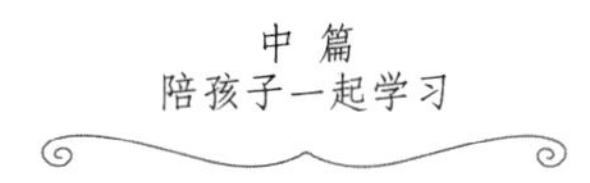

关于阅读和作文

家长们也许已经看到了2015年教育部出台的关于中高考改革的方案，其中在解读的第二条有这样的表述：得语文者得高考，语文在12年的基础教育中、在中考和高考中第一重要。

高考改革后，三门统考课包括语文、数学、外语，其中外语可以多次参考，取最高分计入高考总分，对高考总分的区分度来讲大大降低；数学在今后的命题中要大幅度降低难度，区分度也会较大下降。只有语文的广度、难度提升，语文在高考总分中区分度会最大，最容易拉开学生档次。

说“得语文者得高考”一点都不过分。语文的提高需要长期积累，小学不抓，中高考就会后悔，到时候想抓也来不及。在未来语文的地位就像原来小升初中奥数的决定性作用一样，而且比奥数更能一锤定音。得语文者得高考，得阅读者得语文。阅读习惯将成为学生小学入学前后第一重要习惯，并将一直持续下去。

不少家长甚至部分老师都存在着一个认识上的误区，总觉得学生看课外书是看“闲书”。他们恨不得孩子每分每秒都在听写、背诵、写作文……似乎只有这样，才能提高学生的语文学习水平。这种想法，其实还是应试教育的思路。

我国当代著名教育家朱永新说过：一个多读书的人，其视野必然开阔，其志向必然高远，其追求必然执着。也就是说，多读书，不仅能使人变得视野开阔，知识丰富，而且还能使人具有远大的理想，执着的追求。

我们从各种课外书中可以获取丰富的知识，通过阅读，我们可以跨越时空，了解古今中外的事情。我们还可以通过阅读来和各种名人对话。不仅如此，多读课外书还能提高作文能力。杜甫说：读书破万卷，下笔如有神。可以这样说，凡是作文写得好的同学，都是喜欢课外阅读的，因为我们可以从课外书中学到一些好词佳句，可以学到一些写作的方法，可以积累一些写作的素材。当然，读课外书的好处还有好多，喜欢课外阅读的同学都能深切地体会到。

总之，孩子在小学阶段养成爱读书的习惯，就会终身受益。一个人养成了爱读书的习惯，他才会一生都不感到寂寞，他才会完成终身学习的任务，他还会是一个不断提升自己、不断成长的人。如果一个人养不成读书的习惯，他就是一个很容易寂寞、很容易烦躁的人，是一个眼界不宽的人。

既然语文如此重要，阅读又是提高语文水平的关键因素，那么培养孩子的阅读能力和阅读习惯就要从小抓起、认真抓好了。

怎么培养孩子的阅读习惯呢？又如何选择阅读的书籍呢？

我来讲讲我儿子的阅读过程吧。在上篇关于讲故事一节中也提到，刚开始给孩子讲故事的时候，我都是和孩子一起看故事书，我用手指指着，一个字一个字地讲给孩子听，让他从小就知道想要寻找喜欢的故事就从书本上去找。等孩子上学以后，随着识字量的增加，我开始给孩子

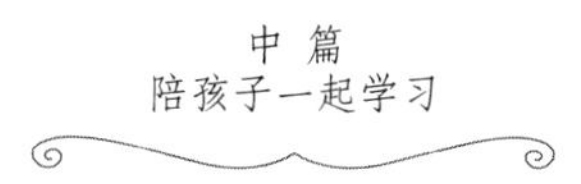

买那种文字有汉语拼音对照的童话故事书，让孩子基本上能自己完整地阅读一个个故事。

上了三年级后，孩子就开始写作文了，刚开始写作文的时候，孩子无话可说，总是按照老师的要求，堆砌一些词语和生硬的句子，写出来的作文既不通顺也没有语法逻辑可言。这也是大部分孩子的通病，老师们也非常头疼。老师为了让学生能在考试中取得好成绩，就想出了一个所谓的写好作文的捷径，老师根据作文题目的要求，以孩子的口吻写出范文，然后让孩子们去背诵。开始我们不了解这个情况，还在为孩子的作文水平提高而庆幸呢，但是有一天我们这些家长在接孩子的空隙中谈到了作文的事，发现孩子们写的作文都惊人的相似。至今我还清晰地记得那篇作文，题目是《我喜欢的水果》，孩子们都是写的喜欢又大又圆的大西瓜，上面有黑色的花纹，打开后那些黑色的瓜子像一个个小蝌蚪一样趴在鲜红的瓜瓤上，咬一口，真甜啊……经过家长们的交流，我意识到问题的严重性了，如此培养孩子的写作能力，会毁了孩子的。

回家后，我开始了对孩子写作习惯和写作兴趣的培养。我给孩子提出了一个简单的要求，每天写100字左右的小文章。我对文字水平和写作内容先不做要求，孩子想写什么就写什么，看到什么就写什么，想怎么写就怎么写，有话就多写，无话就少写，但是不能生搬硬套，要用自己的话写，语句尽量通顺，尽量能把一件事情说清楚，能让别人看懂就行。开始孩子非常为难，不知道怎么写，不知道有什么可写的。第一次，他盯着我们家那个唐老鸭造型的小闹钟，硬生生地写完了大约100个字。那根本不叫作文，就是东拼西凑的文字，既不通顺也不连贯，但我仍然给了他一个鼓励，毕竟自己写完了100字。到了第二天，他还是无话可说，又把唐老鸭小闹钟写了一遍，这次稍微有点进步，我也不去管他，就是要看他能憋多久。不管怎样，每天一定要写够100个字这个要求要尽量做到。我们在坚持着。

过了一段时间，他就开始写天气，写上学路上的情形，写学校中发生的事情，虽然很稚嫩，但100个字对他来说已经不困难了，最起码知道怎么把要说的话写下来了。经过一段时间的训练后，我开始给孩子加码，要求他每天写200个字。他又感到为难了。这时候我提醒他，我们家不是有很多书嘛，怎么不去找出来看呢，光看那些作文选虽然起作用，但最好能写出自己想说的话。这一提醒还真管用，孩子开始自己找书看了，除了那些作文选，他开始看其他的课外读物、童话故事，甚至看报纸、杂志、文摘等。慢慢地，孩子阅读兴趣越来越浓，逐渐开始看儿童版的名著、名人传记等。到小学毕业的时候，已经读完了《西游记》《三国演义》《水浒传》《林肯传》等儿童版名著。他不断地坚持阅读，坚持写作，知道的东西多了，话题也多了，更有话可说了，写的作文无论内容、水平还是篇幅都有了很大提高。这时候我开始分两步走，一方面，我从教育部推荐的中小学课外读本书目中找出了小学生必读书目，到书店都买了回来，以满足孩子的阅读需要。另一方面，把孩子写的好文章推荐给儿童杂志或向当地报纸投稿，写的一般的文章在“小桥、流水、人家”网站上发帖，以激发他的写作兴趣。经过几年的阅读和写作训练，到了初中的时候孩子写作文已经得心应手。记得那时他尤其喜欢读儿童版的《三国演义》，通读了好几遍。之后很长一段时间，他多次在作文中引用“三国”的故事，为他的作文增色不少。我是又惊又喜啊，孩子终于不再恐惧作文了，写的作文也有点文采了。

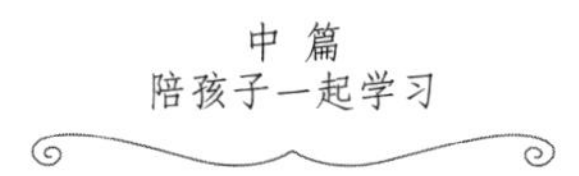

他开始了更为广泛的阅读，并把阅读习惯一直延续到现在。随着阅读量的增加，他的写作水平提高得很快，学习成绩也有了很大的提升。

这个方法很管用，已经有好多孩子经过这种训练，爱上了阅读和写作，学习成绩也都有了大幅度提高，特别是理解能力和语文水平更加显著。你不想试试吗？有一点家长要记住，那就是要坚持。

我还想提醒家长的是，孩子会写作文不是从作文选上学来的，也不是单纯背诵成语、名句就能行的，他们需要的是大量文学名著的阅读，如果有可能，尽量让孩子阅读原版名著，那些儿童版的、解说版的只能在孩子很小的时候阅读。当然，我不建议让孩子阅读外国名著，因为是翻译作品，带着译者的理解和语言习惯，往往会与原著的思想有一定差距，当孩子年龄大了，有了一定的认识后再去读外国名著，会更好一些。

关于考试

我们来看一看以下的场景是不是很熟悉：

孩子考试回来了，一回家就高兴地说："我数学考了98分！"可是家长马上问谁谁考了多少，听到别人考了100分，家长脸上就有了不满："人家能考100分，你怎么就考不了？"孩子原本兴奋的神情一下子消失得无影无踪，一脸委屈与沮丧。

也可能孩子一回家就高兴地说"语文98，数学99"。别的家长一听连连称赞孩子真棒，你倒也高兴，可还是白了孩子一眼，嗔怪地说："看你这臭显摆，班里有好几个孩子考双百呢，你考个双百再来吹牛！"你也许在内心是比较满意的，这样说多半是为了让孩子谦虚一点儿。可是孩子听了却有些不服气地做个鬼脸跑开了。

还有的孩子低着头从学校出来了，一看就知道孩子考得不好，可是家长仍然不给孩子留面子，一顿责骂和痛斥，让孩子的头更低了下去。

有的家长平时没时间关注孩子的学习，在期末考试临近的时候，会想方设法把更多的精力投入到孩子的备考中，孩子除了完成老师布置的作业，还要完成家长布置的额外作业。到孩子考试的时候，家长更是千叮咛万嘱咐，考试过程中又精心安排一日三餐，考完试后又迫不及待地想知道考试成绩。这种做法是不是家长们都有过呢？

考试其实是学校教育中检验学生学习成绩的一项正常手段，是对所学知识的一个整理，也是学生必须面对和参与的一项学习活动。这个话题之所以拿出来说，主要是因为现在的家长过于看重孩子的学习成绩，把考试当成了一件大事来对待，家长的这种焦虑情绪会不自觉地传染给孩子，让本来正常的学习检测变成了如临大敌的战斗。即使是小学生也往往难逃此劫。到了中学，面对一些关键考试，家长就更加全力以赴地帮孩子复习、背诵。在这个过程中，那种担心、焦虑、害怕的情绪在家庭中扩散。到了考试的前一天晚上，有些家长还带孩子到外面散步和进行所谓的减压，把考试期间和平时的学习气氛搞得完全不同，让孩子产生一些恐惧和考不好会对不起家长的自责心理。考试当天，家长更是早早地起来给孩子做好吃的，并许诺考得好由孩子点地方，全家去撮一顿，以这样的方式去激励孩子。甚至一些家长在孩子考试期间请假，专门伺候孩子，无形中又给孩子一定的压力。这就难怪现在为什么有那么多的孩子患有考试焦虑症了。

来咨询的家长中，很多都是因为孩子考试焦虑来寻求解决办法的。有的孩子平时学习较好，但是一考试就紧张，发挥不出实际水平；有的孩子一看到发试卷就脑子里一片空白，需要一段时间的情绪平复才能进入做题环节；还有的学生一考试就感冒、头疼，以此来逃避考试；更有甚者，这种焦虑情绪影响了孩子平时的学习，产生了一些强迫的症状，以至于连平时上学都害怕。这些现象已经在小学生中出现了，到了他们中考和高考时，这种现象就更加普遍一些，成了家长比较头疼的一件事情。其实，这些焦虑情绪是由家长、社会和老师无形的压力造成的，也是全民过于关注的结果。考试成绩一公布，亲朋好友见面问的都是孩子成绩如何，孩子考得好，家长脸上就有光彩，孩子考得不好，家长就像低人一等，说话都没了底气。环境逼迫家长，家长逼迫孩子，对孩子形成了一种高压态势，使本来正常的教学环节变得不再正常。现在有心理问题的孩子中，有相当多的是考试焦虑问题，这应当引起家长的注意。

其实，“分数”和“成绩”并不完全对等，分数可以反映成绩，但分数不等于成绩。当过老师的人都知道，分数除了与学生的实际能力有关之外，还与考试试题有关。面对考试成绩，我们更应该仔细分析孩子的实际能力有没有进步，学习上是否养成了一些好习惯，孩子的学习是否快乐等，至于100分或者多少分，许多时候只是一部分地反映了孩子过去一段时间内的学习，而过去的东西我们是没有办法修改的，孩子通过努力可以改变的只能是未来。因此，面对孩子的成绩单，不应过分地看重多少分，而应去注重学习品质和学习习惯的培养，注意激发孩子学习的积极性和热情，这远比单纯地追求多少分、满足家长的虚荣心要好得多。

家庭应成为孩子幸福安宁的港湾，而不是一个惩罚站。所以当孩子拿到成绩单的时候，特别是孩子考砸了的时候，家长不应紧盯着分数，而是分析孩子学习的内在因素，给予孩子们最需要的理解、引导和抚慰。

对待考试的态度，家长也应该有所改变，把孩子的考试看成是平时的学习和检测，不要刻意地去备考和过多地关心照顾，应让孩子在这种平和的气氛中正确地对待考试，这样才能更加充分地发挥孩子的正常学习水平。

关于假期

对孩子来说，每年的假期并不少，有双休日、节假日，还有寒暑假，加起来的时间能有一百多天吧。这么多的时间，孩子在干什么呢？大部分的家庭是这样安排的：平时的双休，孩子会上兴趣班、写作业、跟着爸妈去看望老人等；节假日父母则会带着孩子旅游或探亲，再写点作业、复习一下功课，时间也就差不多了。主要是寒暑假，很多家长都不放假，也没有时间陪孩子，这段真空期应该让孩子如何度过呢？下面分三个阶段来讲一下。

小学生阶段：

一、保持孩子的好奇心。建议低年级学生首选快乐课程或艺术类的课程。一方面孩子小，好奇心强，对快乐课程有一种天生的兴趣。而艺术类的课程，在开发儿童智力方面有独特的效果，特别是美术、音乐等科目，能让孩子在多一些爱好的基础上，形象思维能力和空间想象力得到一定的锻炼和培养。同时要注意让孩子参加正规的培训和学习，并且一旦报了名，就尽量不要请假或中途退出，因为在假期这段时间是培养孩子良好的学习习惯和学习兴趣的关键期，如果参加了一些不正规的学习和培训，往往会适得其反。

二、给孩子一些适当的强化训练。假期是一个难得的整块时间，可以根据孩子的具体情况，针对某一项科目进行突击性的辅导和培训，以便获得长足的进步，为以后的学习打下良好的基础。

三、给孩子留出足够的时间完成学校布置的任务。小学生普遍存在爱玩的特性，在假期中，家长既不要把时间排得满满的，也不要让孩子疏于管理，应该合理地分配时间，让孩子过一个充实而又快乐的假期。

初中生阶段：

进入初中后，不少家长都希望在假期给孩子报辅导班，以期通过假期的辅导查缺补漏，把知识学扎实。还有一些培训机构会利用假期开设下学期的课程，这也让家长觉得参加这种培训班毕竟能先人一步，开学后不至于落后于其他同学。其实，家长的愿望是好的，但在我多年教学的经验来看，一些培训机构虽然打着优秀教师辅导的旗号，但在学生的管理、班级纪律的要求、学习习惯的培养等方面还是存在很大问题的。所以，如果家长想让孩子参加假期辅导的话，一定要找那些管理规范、教师素质高、班级纪律严的机构参加，如果能允许家长同步听课的话，那还是比较理想的。如果达不到这些要求，还是不参加辅导更好一些。

除了参加辅导班以外，可以给孩子报一些夏令营的活动。一方面锻炼孩子的自理能力，另一方面也开阔一下孩子的眼界。而在夏令营活动中，还能培养孩子的合作意识和独立解决问题的能力，这也是初中生应该具备的基本能力。

第三个方面，就是家长要给孩子每天安排一定的家务劳动，让孩子意识到家的责任和自己应尽的义务。

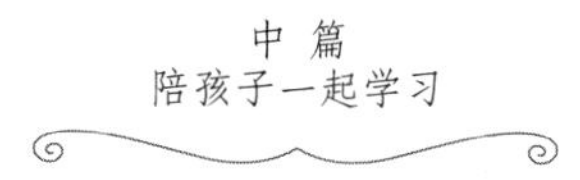

高中生阶段：

暑假是一个学习上的分水岭，它的主要任务是补一下学习上的薄弱环节，孩子不能只满足于完成老师布置的暑假作业，要为自己设计个性化的暑期规划。平时没有充足时间为学习上的薄弱环节进行诊断、查漏补缺，刚好利用暑期来进行这项工作，特别是那些明显偏科的孩子，更应该通过假期来弥补自己的短板。当然，在这个过程中家长要注意孩子的优势学科和薄弱学科的交替学习，毕竟优势学科对孩子来说拿分更多一些，所以不能顾此失彼。

另外要做好高考的规划和对大学相关专业的了解。家长可以利用假期带孩子到相关大学去走走看看，让孩子对心仪的大学有一个初步的认识，这对孩子开学后的学习也是一种激励。

关于小升初的衔接

小升初的学生，容易出现问题，这是一个普遍的现象。如何做好小升初的衔接，尽量减少孩子的问题，是家长们应该学习的内容。

一般来说，孩子上了初中后主要面临以下几个问题：

一是心理落差大。在小学阶段，老师把学生当成孩子来对待，呵护和照顾的成分比较多，严格的要求和规范的行为约束相对较弱。到了初中，老师不再把他们当孩子看待了，说话也没有小学老师那么亲切和温柔，总是板着脸对待学生，稍有问题就会给予严厉的批评。很多孩子一时很难适应老师的这种转变和对待自己的态度，容易产生心理的不适应。

二是思维定式造成的影响。一些在小学各方面都很优秀的孩子，因为习惯了小学生的思维，又过于听老师的话，一切行为都是按照老师的要求去做的，而到了初中，学生来自于不同的学校，他们思维方式和处理问题的方法都有很大差别，孩子在这新的学习和生活环境中找不到他熟悉的东西，就会影响他们融入初中生活的信心。一旦融入不了新生活，他们就会产生不安的情绪。

三是课业负担突然加重，孩子很难适应。上初中后，孩子的课程突然增多，作业量大增，学科的复杂性和内容深度都大幅增强，每个学科老师又都会强调自身课程的重要性，这种突然转变孩子很难适应。特别

是小学时期作业动作慢的学生，进入初中后，常常会因为作业负担过重而无法承受初中的学习模式，不到一个学期就缴械投降了。

四是孩子思维能力的枯竭。小学期间作业比较轻松，量少、简单，只要上课能认真听讲，课后认真完成作业，学生的成绩都会比较理想。而到了初中后，孩子仅凭上课认真听讲来完成作业是远远不可能的，课程还要求孩子能根据课本内容举一反三，灵活运用。如果孩子的思维方式没有及时转变，就会影响其思维能力的提高，引起孩子学习成绩的下降，最终将会阻碍孩子初中学习的步伐。

五是孩子出现偏科现象。进入初中后，最容易也是最怕出现的问题就是偏科现象。小学阶段课程学习的压力不大，内容又相对简单，学生基本上是轻松快乐地学完。到了初中后，由于科目增多，内容加深，作业量明显加大，大多数孩子会出现顾此失彼的情况。加上孩子特定的心理、生理变化，以及受家长、老师、媒体和书籍的影响等，都将有可能促使他们对某一学科产生偏好或厌恶的心理，进而逐渐形成偏科现象。

鉴于以上问题普遍存在，这就需要家长在孩子小升初阶段，做好衔接工作，把问题尽量消灭在萌芽时期，让孩子尽早适应初中生活。

家长可以试着做好以下工作：

一是在小学高年级，就要根据所学课程渗透进初中的解题意识。如，数学课开始学习方程后，在做有关应用题的时候尽量让孩子用解方程的数学思想去思考问题；在科学课上让孩子多问几个为什么，以培养孩子的探究精神和探究意识，为初中的物理和化学打基础；在语文阅读上，要侧重于原著的阅读和量的提升，减少儿童读本的阅读，尽量避免类似于作文选这样的阅读；在小学英语学习中，加强英语单词的记忆和课文的背诵，以适应初中单词量猛增的情况。

二是有意识地减少孩子对老师的依赖，让孩子养成自我思考的习惯，在家庭中改变和孩子说话的语气，完全按照成人的对话习惯进行对话。对一些日常生活中的问题尽量让孩子自己做决定，如穿衣、吃饭、洗澡等事情放手让孩子独立去做，不要不放心孩子对事物的判断。

三是在暑假期间，给孩子挑选一个正规的衔接班，让孩子感受一下初中老师的教学方法和初中课程的内容，让孩子有一个心理适应和过渡，减少由于落差太大给孩子造成的不适应。

四是家长要考虑孩子青春期的情绪反应，尽量避免和孩子正面冲突，让孩子看一些健康积极向上的影视作品，体会成长的过程。

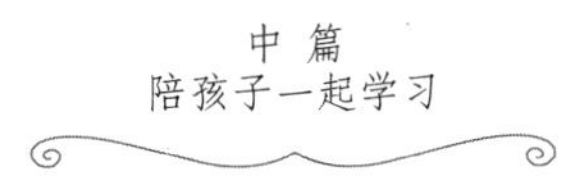

关于青春期的事情

最近一段时间，来咨询孩子青春期问题的家长比较多，烦恼也各不相同。有这样几个典型的案例：

案例一，这是一个初二的女孩子。妈妈开了一个小超市，爸爸在一个企业上班，孩子的长相一般。这位妈妈说，最近孩子的变化很大，每天早上、中午都要洗澡、梳头，并使用妈妈的化妆品在脸上涂来涂去。周末就逼着妈妈给她去买衣服或鞋子，而且非名牌不要。由于家庭经济条件的限制，妈妈无法全部答应孩子的要求。孩子在一次与妈妈的冲突中跑了出去，整整一晚上没回家。家长像疯了一样到处找孩子，结果在一个网吧里看到孩子竟坐在一个男子的腿上，手里拿着一瓶营养快线。妈妈过去就是一巴掌，把孩子连拖带拽地领回了家。父母本来以为孩子会内疚的，可是孩子竟给母亲下了最后通牒："以后我的事你不用管，再管我就离家出走，到哪里我都能养活自己，如果你不信的话就管管看。"面对女儿的强势，母亲反而束手无策了。

案例二，这是一个初一的女孩。刚进入初中的时候，女孩学习不错，也很努力和用功。一次偶然的机会，她在大街上碰到了小学挺要好的一个女同学，约她一起去玩，妈妈没加任何思考就同意了。她玩了一段时间后，妈妈发现不对头了，孩子不学习了，也不听话了，干啥事都和家长拧着。一天女儿又出去玩，妈妈就悄悄地跟了上去，结果发现一群女孩子成立了一个女孩联盟，专门跟家长作对，到哪里都呼啦啦一群。孩子被这种气势吸引了，也认可她们学习不好照样能过好日子的理念，因此学习就不再努力，家长的话也听不进去了。这时候妈妈开始给孩子做工作，想让孩子回到原来的道路上去。结果妈妈一出招，孩子就给女孩联盟的头打电话，那边就给她出招数对付家长。几轮下来，妈妈最终无计可施而败下阵来。

案例三，这是一个初二的男孩。爸爸说儿子以前比较乖巧，凡事都能听从父母意见，最近却变得不可理喻，只要一提起与学习有关的事情，便阴沉下脸来，或者把耳朵捂住，甚至干脆把门一关很长时间不出来。父母拿他一点办法都没有。

案例四，这是一个初三的女孩。受到电视上一些娱乐节目选手一夜成名的误导，她非要学习声乐，走艺术这条路，可是孩子既没有唱歌的天赋，也没有器乐方面的特长。按照规定，考艺术类声乐特长生，除了考声乐外还必须考一门乐器。没办法，在孩子的逼迫下，家长给孩子找了一个古筝老师（家长听说古筝相对容易一些），孩子开始学习。由于离特长考试还有不到三个月时间，古筝老师就给孩子挑选了几只曲子强化训练，但孩子根本不是这块料，乐理不通，乐感不强，声乐课成绩也很不理想。家长想让孩子正视自己的条件，放弃这些无法实现的愿望，结果孩子根本不听。家长花了不少钱，孩子也没有通过特长考试。

案例五，这是一个初一的男孩。由于个子小，他常常受到其他孩子的欺负，也不敢告诉家长。有一天，另一个高个子的孩子作业没写，就把他的作业改了名交上了。老师也不明就里地把他批评了一顿，还把家

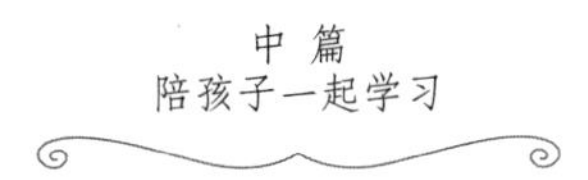

长也叫到学校说了一通。家长不分青红皂白，当着老师的面就给了孩子一拳。这件事情以后，其他的孩子也模仿开了，不是让他帮着写作业，就是干脆拿他的作业去顶替，孩子要是不从，就以告诉老师来威胁他。慢慢地，孩子就不敢上学了，说学校是个恐怖的地方，很黑暗。孩子晚上睡觉也要开灯才行，有时候还无缘无故地头疼。经过医院诊断，孩子得了青春期情绪障碍，严重了会导致抑郁症。家长这才慌了神。

这些案例都带有明显的青春期特征，也是家长和老师很头疼的事情。

初中生在十二三岁左右，正好是青春萌芽期，孩子的生理、心理都在悄悄地发生着变化。随着周围环境和学习压力的不断变化，孩子们的自主意识明显地增强，愿意和朋友交往，希望远离父母的管束，这其实是他们正常成长中的表现。家长要做好心理准备，来应对孩子的青春期。

我认为，做好孩子青春期教育最好的办法就是和孩子交朋友。父母要给孩子一个宽松愉快的家庭环境，对孩子的一些变化给予最大的容忍和理解。特别是对于孩子的一些爱打扮、爱独处、爱顶嘴等表现，家长要给予认可和宽容。不要孩子一有变化就着急，就迫不及待地进行教育。这样做的结果往往会使孩子逆反心理更严重，矛盾更突出，甚至会出现无法挽回的局面。

我给大家说一说我的经历吧，也许能给家长们一点启示。

孩子在上初二的时候，每天下午放学后，都会跟几个好朋友在我们小区大院门口聊天，并且一聊就很长时间。门卫大爷只要看见就会说孩子，让他们赶快回家写作业、吃饭去。说孩子不管用，门卫就来找我告状，要我严格管教，不能让孩子在外面这样放肆地聊天，并且说他也很难断定这些孩子都是好孩子，一旦有坏孩子的引诱就麻烦了。这位大爷的心是好的，也是为孩子着急，我很感激他。可是我没有去限制孩子，也没躲在暗处去观察这些孩子，只能是放心地由着孩子去。门卫大爷不理解，同事们也不理解，我告诉他们，如果孩子真要做坏事的话，他是不会让我们看见的，能这样肆无忌惮地和同学朋友在大院门口聊天，就什么事也不会发生。我给了孩子一个和朋友安全相处的环境，让孩子感觉到家长不干涉的心胸和放心。后来，孩子反而愿意将他们的谈话内容告诉我了，让我一起来分享他们的快乐。

那是初二暑假，儿子和其他几个孩子在一个街边的小花园玩，有男孩也有女孩。一个同事急忙给我打电话，说看到儿子和一个女孩很要好，并且不止一次看到他们在一起玩了。这个电话让孩子的爸爸听见了，他觉得孩子早恋了，那还了得，非要马上把孩子叫回来，不能让孩子有这样的事情发生。我极力地劝阻，先让孩子的爸爸平复一下情绪，然后跟他说，孩子要真是早恋的话，不可能在大庭广众之下在一起。只要能让我们看见就没事，真要有事的话我们就看不见了。我们没去理会，仍然让孩子们在一起玩耍。后来，有一次正好让我碰到了，儿子大大方方地给我介绍这个女孩，说是他的一个要好的哥们儿。虽然我心里有暂时的疑虑，但也大方地认可了孩子们所说的哥们儿，没有加以限制。对这件事的处理，孩子给了我高度评价，说我相信他，不像有些家长认为孩子早恋了，强制性地不让孩子和异性相处，儿子以有这样具有同理心的妈妈而自豪。那个女孩到现在仍然还是儿子的哥们儿，真是难得。

另外，儿子在初一初二的时候就知道玩，根本没把学习当回事，经常集体玩那种卡片游戏，也非常爱听流行歌曲。在当时的条件下，大家都是用录音机来听歌的，儿子还时不时地将一些卡片和磁带拿回来听，有时两个袖筒都装得满满的，连胳膊都放不下来。回家后儿子就把带回来的卡片和磁带往书桌上一放，洋洋自得地欣赏起来。我就很纳闷，又没给他钱，哪来的这么多卡片和磁带呢？儿子说都是其他同学的家长不让在家玩，放到他这里，他帮大家保管。我就说，人家家长都限制孩子玩这些东西，你就不怕我也给你扔出去？儿子一脸坏笑地说："我妈是谁呀，她是我哥们儿。"呵呵，看来儿子还真把我当成朋友了，我这个妈还是比较成功的。

又有一次，那是初二的暑假，孩子非要去学吉他，而我刚买了房子，资金非常紧张，就想劝孩子别学了，反正觉得他也不是很喜欢，花这些冤枉钱干啥，不如买点有用的书。没想到，这次孩子没有给我面子，坚持要学，并以绝食来威胁我。这次我采取了冷处理的办法，既不答应他，也不逼他吃饭，完全一种我等得起的架势。孩子的年龄正好是能吃的时候，每天的饭量都挺大。开始的时候，他到学校后偷偷买一些吃的对付一下，时间长了，他的肚子就不听话了，而他又不好意思认输，只好硬着头皮跟我商量说："要不我先买个便宜的吉他，报个初级班，过过瘾，如果真喜欢的话等咱家的钱宽裕了再学。"看孩子主动退了一步，我也不再坚持了，就和孩子达成了一致。孩子欢天喜地，吃起饭来感觉要把几天没吃的饭都补回去了，这个矛盾也随之烟消云散了。

这些小故事，说起来挺轻松的，但当家长真的面对的时候往往就不冷静了，和孩子的矛盾也会越来越大，最后妥协的往往是家长而不是孩子。

面对青春期的孩子，家长首先要把情绪调整好，然后回忆一下自己那个年龄的所作所为，用当时的想法和孩子现在的想法进行比较，有了同理心，很快就能理解孩子的变化和要求了，也就不把孩子的逆反当成大事了。当然，社会在变化，青春期孩子的问题也在不断变化。但是，万变不离其宗，只要孩子的本质是好的，就尽可能地放手，让孩子在宽松的环境中，顺利度过青春期。

关于家长会

家长会本该是老师、学生、家长在一起交流的好机会，可现在家长会却成了大家的苦恼事。有很多家长认为，每次开家长会都是听老师在讲谁的成绩好、谁的成绩差，像是开批判会一样。孩子成绩好，家长自然希望充分利用开会的机会，多和老师沟通，让老师更加关注自己的孩子；而孩子成绩差，家长则觉得很没有面子，不愿意去参加家长会，即使去了也是尽量不和老师交流。奇葩的是，一些孩子怕家长会后挨打，而雇人开家长会。

我们先一起来看看家长会后家长的普遍表现吧。

第一，在家长会后，多数家长只是简单重复老师的要求，或者用严厉的态度让孩子记住。孩子在学校和家里听到的是一样的指责，必然会产生抵触情绪，根本达不到让孩子学习进步的目的。

第二，家长在家长会后教育孩子时，习惯于把自己对孩子的看法与老师的意见相结合，夸大孩子在学校的问题，这会使孩子认为老师没有如实反映他在学校的情况，对老师也产生抵触情绪。

第三，累计陈年老账，数罪并罚。这类家长经常是因为这次孩子表现不好，就联系以前孩子的种种表现，对孩子进行秋后算总账。这样的方式会使孩子更加抵触学习。

第四，家长看到自己的孩子没有别人家孩子表现好，就大发脾气，回家后除了埋怨就是责骂。这使得孩子逐渐养成说谎、欺骗的不良品质。

我们再来看看《一位母亲和家长会》的故事。

第一次参加家长会，幼儿园的老师说："你的儿子有多动症，在板凳上连三分钟都坐不了，您最好带他去医院看一看。"回家的路上，儿子问她，老师都说了些什么，她鼻子一酸，差点流下泪来。因为全班30位小朋友，唯有他表现最差；唯有对他，老师表现出不屑。然而，她还是告诉她的独生子："老师表扬你了，说宝宝原来在板凳上坐不了一分钟，现在能坐三分钟了，其他的妈妈都非常羡慕妈妈，因为全班只有宝宝进步了。"那天晚上，儿子破天荒地吃了两碗米饭，并且没让她喂。

儿子上小学了，家长会上，老师说："全班50名同学，这次数学考试，你儿子排49名，我们怀疑他智力上有障碍，您最好能带他去医院看一看。"回去的路上，她流下了泪。然而，当她回到家里，却对坐在桌前的儿子说："老师对你充满信心，他说了，你并不是一个笨孩子，只要能细心些，会超过你的同桌，这次你的同桌排在第21名。"说这话时，她发现，儿子黯淡的眼神一下子充满了光，沮丧的脸也一下子舒展开来。她甚至发现，儿子温顺得让她吃惊，好像长大了许多。第二天上学时，去得比平时都要早。

孩子上初中，又一次家长会。她坐在儿子的座位上，等着老师点她儿子的名字。因为每次家长会，在差生行列中她儿子的名字总是被点到。然而，这次却出乎她的预料，直到结束都没听到。她有些不习惯。临别，去问老师，老师告诉她："按你儿子现在的成绩，考重点高中有点危险。"她怀着惊喜的心情走出校门。此时，她发现儿子在等她。路上她扶着儿子的肩膀，心里有一种说不出的甜蜜，她告诉儿子："班主任对你非常满意，他说了，只要你努力，很有希望考上重点高中。"

高中毕业了。一个第一批大学录取通知书下达的日子，学校打电话让她儿子到学校去一趟。她有一种预感，她儿子已被清华大学录取了，因为在报考时，她给儿子说过，她相信他能考取这所学校。她儿子从学校回来，把一封印有清华大学招生办公室的特快专递交到她的手里，突然转身跑到自己房间里哭了起来。儿子边哭边说："妈妈，我一直都知道我不是个聪明的孩子，是您……"

这个故事虽然是极端个例，却很值得我们反思。

那么，作为家长，我们应如何开好家长会并好好利用每次家长会呢？现在给出一些建议，希望能引起家长们的注意。

第一，要客观。每个孩子都有自己的优点和缺点，老师有可能是恨铁不成钢，所以在家长会上会把孩子的缺点说得多一些，也可能说得会严重一些。这时候家长要做到心中有数，对老师指出的优缺点，需要经过自己的分析和判断后，再和孩子讨论家长会的内容，让孩子接受起来比较容易。

第二，要抓重点。老师在家长会上会对学生进行一些点评，特别是两头的学生关注更多一些。家长要在这些信息中找到自己孩子的位置，注意倾听老师的看法和要求，然后有针对性地和孩子交流，不要把家长会上无关紧要的事情也一股脑地告诉孩子，让孩子无所适从，特别是别人家的孩子，尽量少说或不说，不然的话只能起到相反的作用。

第三，要情绪平和，这一点很多家长做得不够好。如果在家长会上孩子受到表扬了，那会表现得沾沾自喜，而受到批评的孩子家长觉得在众人面前丢了面子，这时候情绪很容易失控，有可能等待孩子的是一顿责骂甚至是棍棒。这些都是不可取的，家长要在家长会后先调整一下自己的情绪，当能心平气和地面对孩子后，才能让孩子用心听你说家长会的内容，这样才能对孩子真正起作用。

第四，不翻旧账。有的家长一开家长会，就把孩子几年来的表现统统说一遍，只说缺点不说优点，甚至孩子已经改正的缺点也拿来再说一遍，让孩子很反感，当然也就起不到任何的效果。只有看到孩子的进步，客观分析目前存在的问题，与孩子平等地讨论家长会上老师的建议，孩子一般都会接受的。

关于中考的那些事

中考对孩子来说是非常重要的一件事情，也关系到孩子今后的成长路线和职业规划，是每个家长必须重视和认真对待的一项任务。

我们先来说说中考备考的事。一般地说，进入初二（也就是八年级），学校就开始布置有关中考事宜了，包括学业水平考试科目的考试安排，相应的体育、艺术项目的测试以及中考科目教学的调整等。地理、生物、思品、历史等科目，一般都作为学业水平测试科目在八年级开始，成绩以A、B、C、D四个等级记入学生的中考成绩，单科成绩在C级以上的方可参加中考（当然各地的要求有所不同）。这时因为还没有进入九年级，孩子的压力还不大，对中考的概念也比较模糊，这些学业水平考试往往不能引起孩子足够的重视，但是考试等级会影响到孩子的中考成绩和高中录取标准，因此家长切不可掉以轻心。

在学业水平考试前，家长要配合老师做好孩子的工作，让孩子重视任何有关中考的测试和成绩，为顺利通过中考打下良好的基础。其次，家长要帮助孩子完成一些额外的工作。进入学业水平考试期后，学业水平测试科目的作业量和复习内容都很多，而数学、英语、语文等科目又直接影响孩子中考成绩，这些科目的老师也会布置较多的作业。而进入八年级后，物理科目的开设，又给孩子的学习增加了难度。这样，孩子会出现手忙脚乱的现象，单就完成作业一项就很困难了，有的孩子甚至到晚上十一二点还写不完作业。当这种情况出现时，家长要帮助孩子制定一个有效的学习计划，让孩子按照先易后难的顺序尽快完成作业。如果出现一些机械性抄写或重复的作业，家长可以让孩子正确对待，该放弃的就放弃，不要纠结在一些无效的劳动中。如果孩子在学习过程中遇到了难题并耗时很多也不能全部完成的时候，家长要保护好孩子的探究精神和探究欲望，不要为了完成作业而催促孩子放弃对难题的探究。喜欢探究的孩子具有很强的学习能力，探究精神是今后学习必需的品质。放弃一时的作业顶多让相应科目的老师不满意罢了，家长切不可捡了芝麻丢了西瓜。

当学业水平考试临近的时候，家长要根据考试内容，让孩子把其他科目先放一放，有侧重地增加相应科目的学习和记忆，因为正确的记忆是取得好成绩的前提条件。家长也可以用提问的方法强化孩子的记忆，确保孩子取得良好的考试等级。

下面说说中考。

中考是孩子人生中遇到的一次重要的考试，也关系到孩子今后的成长和发展。在孩子中考期间，家长首先要调整好自己的心态，不要把自己的焦虑情绪传递给孩子，更不要把自己的孩子和其他孩子进行比较，让孩子产生自卑心理。家长需要做的，就是根据考试时间来有意识地调整孩子的生物钟。一般情况下，语文、英语上午考，数学、物理、化学是下午考。但通常学校的课程表安排却正好相反，孩子早上的精力比较充沛，大脑受其他科目的影响较小，学校首先安排数理化这些理科科目，语文、历史等文科科目大多安排在下午或第三、四节课来上。学生形成了早上进行逻辑思维的学习和训练，下午往往更倾向于形象思维的训练。为了做好调整，家长可以在孩子晚上做作业前，先让孩子做一份理科试卷，让孩子习惯于晚些时候也能适应理科科目的学习和思考，以解决中考科目时间上的安排给孩子造成的影响。

一些家长在考试期间，会要求孩子改变平时的作息时间和饮食习惯。比如，晚饭后让孩子出去散步，很早就让孩子上床睡觉，还有的家长特意买一些营养品补充营养等。其实，这些做法是不应提倡的，特别是晚饭后散步和早上床睡觉，更是不可取的做法。孩子明天就要考试了，他需要的是适度紧张而不是放松，是习惯的延续而不是改变。在考试的前一天晚上，家长可以让孩子做几份与第二天考试科目相关的试卷，并限定时间完成，让孩子增加自信和梳理知识，然后再看看相应的公式或单词等，加强相关记忆和复习。这样，会对孩子的考试有很大帮助的。

另外，有的孩子一到考试就紧张，躺在床上翻来覆去睡不着。如果你的孩子存在这种情况，我给出的建议是，让孩子跟家长睡，这样孩子就会安心地进入梦乡，并能相应地缓解一些紧张情绪和压力。家长们不妨一试。

再来说说中考后的事。中考成绩出来后，家长和孩子都面临着志愿的选择，高中、职专、3+2升学、出国、就业等，都是可供选择的机会。孩子能顺利考上高中，是家长们最希望的结果，也就没有讨论的必要了。下面我们来说说没考上高中的，家长们该怎么帮助孩子去选择。

如果孩子的分数离高中录取分数线相差不多，孩子在初中学习的时候又没有全力以赴的话，我建议家长通过计划外招生渠道尽量让孩子上高中。无论是高中课程的难度还是高中学校的管理，都是孩子一生宝贵的财富。社会上流行着这样一种说法：没经过三年高中磨炼，孩子的智力就没完全开发出来。虽然这种说法有些牵强，但也透露出高中那种紧张、高压、竞争等带给孩子的情商、智商的锻炼和提高，课程的难度和广度是对孩子思维能力提高的有效训练。

如果孩子的成绩离高中录取分数线差距较大，最好不要选择高中学习。因为高中课程的难度和初中的难度不在一个量级上，孩子初中知识基础没打好的话，很难适应高中的生活和学习，真到了课堂上，可以说孩子就像是在听天书，这样的话是对孩子的一种摧残，也是对家长的一种折磨。不如正视现实，让孩子进入职业学校，早点学门手艺，为将来的就业打好基础。

对经济条件比较好的家庭来说，还有一个选择就是出国求学。我不建议初中孩子过早出国留学，因为这个阶段孩子们年龄较小，生活自理能力、环境的调适能力、语言的适应能力还都很不成熟。再加上这个时期是孩子人生观、世界观、价值观形成的重要时期，如果没有正确的引导和帮助，很可能影响孩子的健康成长。孩子一旦形成了错误认知，往往又是很难逆转的。出国留学的孩子一般家庭条件都比较好，相应地会让孩子形成攀比心理或盲目优越感，甚至一些孩子觉得只要有钱，学习不努力照样比别的孩子有更好的出路。这些想法和做法对孩子今后的成长都是极为不利的。

这些建议都是我的经验积累，可能有一些与专家的看法有矛盾，还请各位家长区别对待。

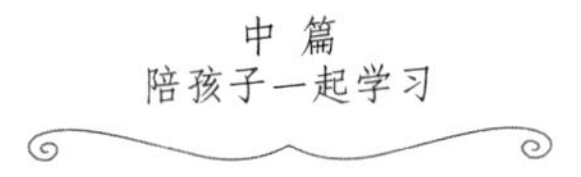

关于初高中的衔接

前面我们说了一些关于小升初的衔接问题，下面再来说说初高中的衔接问题。

初高中的衔接并没有小升初的问题典型，也不是很突出，孩子们一般会平稳过渡。之所以要拿来说一下，主要是给家长一些提醒和建议，毕竟高中比初中要紧张得多，难度也大得多，多做一些准备对孩子还是有好处的。

先来说说中考后的暑假吧。根据现在的中考时间来看，中考结束到高中开学有将近两个半月的空闲时间，也是孩子们无所事事又相对空虚的时间。紧张的中考让孩子们有了歇一歇的想法，很多孩子没有了进一步学习的愿望，如何帮助孩子有效地利用这段时间，应该是家长考虑的问题。

以下是我的几点做法，不知能否给家长一些启发和借鉴。

中考结束后，我就和儿子商量着让他学点什么，儿子说上初二的时候吉他只学了初级班，还是民谣吉他，现在想学古典吉他，并且想报中级班，学点上档次的东西。因为孩子初中后期的表现较好，成绩也比较理想，加之经济条件也允许，我就欣然同意了儿子的建议。儿子报了古典吉他中级班，每天到老师家中学习两个小时，回来后还要进行练习和巩固。因为是自己选择的乐器，孩子学起来还是比较认真和努力的。

因为在这之前孩子学过一段时间的乒乓球，多少有点基础，我还给孩子报了一个乒乓球班，让孩子进行一下体育锻炼，加强意志和体能的训练，可以更好地适应高中紧张的学习生活。

除此之外，就是和孩子共同看书了。在这个暑假里，我们买了一些比较畅销的小说，像《达·芬奇密码》《悟空传》，也买了一些散文集，像余秋雨的《霜冷长河》、刘墉的《夜之族》，还有韩寒的《三重门》、李开复的《做最好的自己》等。我们定了一个规矩，母子二人必须同时看一本书，谁有时间谁看，每天在吃饭的时候交流读书心得。没想到的是，每天的这个时刻都成了我们所期盼的时间，完全是一种朋友和同学之间的那种感觉，让我至今难忘。这段经历也给儿子留下了深刻的印象，直到今天，儿子仍然时不时地给我推荐他喜欢的书，让我分享他的阅读体验。

经和孩子沟通后，我还给孩子报了一个高中衔接班，提前学了一些高中课程，效果也不错。

接下来我想跟家长们说说需要做的准备工作。

一是降低对孩子的心理预期。考上高中的孩子都是比较优秀的，当这些优秀的孩子聚集在一起的时候，很多人就没有初中那些优势和优越感了，人人都名列前茅也是不可能的。家长要降低对孩子的心理预期，不要过高估计孩子的能力和成绩，以免孩子成绩达不到理想分数时而失望和着急。

二是降低对孩子的关注度。高中生活是孩子独立生活的开始，也是孩子成长的关键时期。孩子在学校的时间比在家的时间要长，因此一些

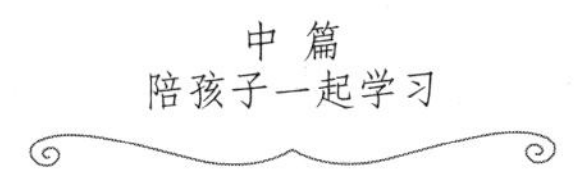

问题或困难就让孩子自己去承担和解决，家长不要过度关注，更不要见了孩子就唠叨个没完。我们常对家长说的一句话就是“做好你的饭，闭上你的嘴”。

三是给孩子一个舒适的家庭环境，让孩子有一个充分自由的生活空间。

关于高中生活

高中是孩子人生面临的又一个新考验，孩子承担的学习任务较之初中阶段有了较大的变化。能适应的则前进，否则可能掉队。家长要了解孩子高中阶段身心发展的新特点，帮助孩子过好初高中衔接关。

高中生身心发展的特点

高中生大多处于16岁到18岁这个年龄段，他们思想活跃，易接受新事物、新信息，对人生的意义、社会热点、国际国内形势、高科技、人工智能等问题也越来越感兴趣。他们对很多事物和问题都有自己独特的见解，他们谈论的话题也从关注身边事物转向哲学、三观、前沿、未来等高深层次的问题。但由于他们仍处于青春期，所以情绪容易激动，对事既积极热情，又焦虑不安，既想有自己的“小秘密”，又渴望找到可以倾诉的对象，所以小团体、谈恋爱等问题成了家长设防的重点。

而高中生的生理和智力发展也迅速变化，记忆力、判断力和动作反应力及速度都已达到人体的最高水平。他们对爱情等精神方面的需求以及衣、食、住、行等物质方面的需求都有所上升。孩子会有较强的自尊心、自信心和渴求独立的愿望。他们独立思考能力大大提高，不轻易相信别人的意见，常持分析和批判态度，很反感家长把他们看成小孩子，甚至会产生逆反心理。他们的自尊心特别强烈，最怕别人看不起自己，

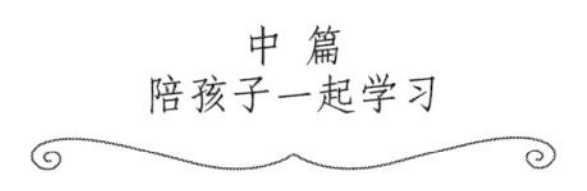

他们力图在各个领域都有较出色的表现，想争取在集体活动中崭露头角，为自己赢得适当的地位，受到同学的尊重和喜爱，得到老师和家长的好评和重视。

高中学科的特点

一是知识量大。高中三年开设的十几门学科虽和初中差不多，但每一门学科的知识量比初中要增加很多。高中是学生求学时期获取大量基础知识的重要阶段，每一学期所学内容量都很大。

二是难度大。高中数学、物理、化学、生物等学科的知识以及学科之间的关联和影响，也是初中知识所没有的。从初中到高中知识上并不是循序渐进的，而是有些跨度，这一跨度对孩子把握知识会带来一定困难，而且高中所学知识的抽象概括性也比初中高得多。

三是进度快。一般高中都是在高二下学期就结束课程，高三用来复习和查缺补漏，这就要求高中生用两年的时间完成三年的学习任务。除此之外，还有学业水平测试、自主招生考试、艺术类招考等不同形式的考试和测试，这都会对学生的学习进度有提前的要求，因此，如果跟不上进度，往往出现一步跟不上、步步跟不上的现象。

四是综合性强。要解决一个问题，往往需要综合应用各科知识。特别是数理化之间的知识综合以及语文理解能力对各学科的影响等，都是高中生需要面对的现状。

五是系统性强。每门学科都具有相对独立完整的知识体系，要求学生把前后所学的知识串联起来作为一个整体进行综合运用。

六是能力要求高。如观察能力、表达能力等，特别是分析综合能

力、抽象思维能力、自学能力更为重要。

七是理解要求高。高中生要理解概念、法则的本质，形成某种理念、方法，才能把知识学到手。高中教学对学生的学习较为放手，不可能像初中那样具体要求学生每个环节做什么，而是要求学生能独立完成各个环节的任务，如预习、听讲、记笔记、课后复习、独立作业、单元小结、考后分析等。孩子的自理能力、学习能力很重要，孩子应寻找适合自己学习的方式方法。如果不了解这些，还是用初中时的学习方法是远远不够的，学习成绩也会下降。

我给家长的建议是："闭上嘴""做好饭""交朋友""长见识"

所谓"闭上嘴"，就是面对高中生，不要整天唠唠叨叨，因为时代发展得太快，家长往往跟不上孩子的成长速度，在科技信息等方面可能还要落后于孩子，你的见识和能力也不一定比孩子强，如果一味地要求按照家长的想法去做的话，很可能会适得其反。

而"做好饭"也并不简单。我这里说的既包括做孩子爱吃的饭，也要保证均衡营养，同时还想提醒家长在饭桌上不要讨论有关学习的事情，更不能用别人家的孩子来激励自己的孩子，如果那样的话，也许连和孩子同桌吃饭的机会也会减少的。

"交朋友"难度有点大，但也是最重要的。我们做家长的，总是想拿出家长的权威或尊严来管教孩子，使其听话。殊不知，孩子已经到了高中，他们的眼界、见识、知识很可能超过了我们，甚至对社会现状的认识、对人生思考的深度、对未来发展的规划都比我们更清晰。家长需要记住的是，他们长大了，需要交流和沟通，需要引导和帮助，不需要管教和指责，更不需要专制和服从。只有学会和孩子交朋友，为孩子创造一个健康快乐的家庭环境，才能让孩子在良好的氛围中成长，从而取得更好的成绩。

而“长见识”是家长都要做的功课。现在的时代是信息时代，社会是开放的社会，孩子吸收了时代的活水、新鲜的知识，接受的信息多而广，如果家长还只会上上网，玩玩微信，那还怎么去了解孩子，更谈不上引导和帮助孩子了。因此，在工作繁忙之余能抽出点时间多读一些书，多学一些新科技新知识，跟上时代的步伐和孩子的思想，才是家长应该做的事情。

关于职业规划

说起职业规划，可能有些家长比较陌生，要说填报高考志愿，大多数家长就非常熟悉了。一些年轻的家长也经历过高考志愿的选择和填报。虽然职业规划和高考志愿并不完全是一回事，但就目前的状况来看，就业的方向和职业选择往往和大学所学专业高度相关，用人单位在选择人才时，一般也会要求专业相同或相近。因此，高考志愿的选择实际上就是孩子职业规划的前提和条件。虽然一部分学生就业时和所学专业完全不同，也有社会机构认为现在的本科学历只是就业的敲门砖，与所学专业关系不大，但这样的情况毕竟只占很小的比例，大多数学生还是选择相同或相近专业为首选就业方向。

在我国，对孩子的职业规划进入了一个误区，那就是孩子的志愿大都由家长填写，也就是所谓的“高考考孩子，志愿考家长”的说法。更有甚者，在填报志愿时孩子连看都不看，随便家长填，被哪所学校录取就上哪所学校，完全没有自己的选择和规划。当孩子来到大学以后才发现，所学的专业自己一点都不了解，也不喜欢，但木已成舟，只好硬着头皮完成大学四年的学习；有的孩子由于不喜欢所学的专业，根本就不去上课，整天玩游戏、打扑克，来打发这四年的时光，个别甚至连毕业证都拿不到；还有的孩子本来有自己喜欢的专业和学校，但是不符合家

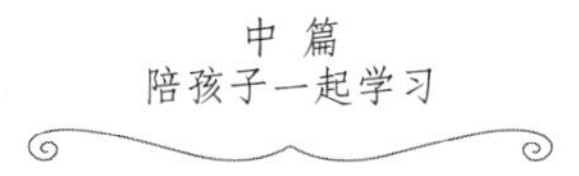

长的要求，就顺从了家长的意愿，结果给自己造成了很大的伤害。

这是一个真实的案例。那是1999年高考季，一个平时学习非常优秀的孩子，很喜欢化学和生物，希望将来在化学或材料领域有所发展。但家长认为，那时计算机刚刚进入我们的生活，有发展潜力，就业形势会好于化学或材料专业，就硬逼着孩子选择了计算机专业。孩子以优异的成绩被山东大学计算机科学与应用专业录取了，全家人都非常高兴，坚信这个专业对孩子今后的发展一定会有好处的。孩子在家长的期待和护送下，来到了山东大学，开始了他的大学生活。结果，不到半年的时间这个孩子就做出了令家长非常不理解的事情，那就是退学，重新回到高中去复读了。用孩子的话说就是，我不喜欢计算机，没有任何动力和激情，我不能把我的青春浪费在这个专业上。

这是一个有个性且对自己的职业规划很清晰的孩子。但这样有信心、有主见的孩子又能有几个呢?

现在的家长在孩子选择志愿方面往往存在着一些错误认识，主要有以下几种情况:

一是根据现实的社会大环境来填报志愿。十几年前由于受克隆羊技术的影响，孩子们一窝蜂地学起了生物工程；前几年受我国经济过热的引导，孩子们又呼啦啦地奔着经济而去；现在是艺术影视等领域容易出名，结果孩子们又去追捧艺术院校了。

二是根据毕业后的收入水平来填报志愿。家长们整天关注大学就业率和收入水平，收入水平高的专业一定是热门专业，那种就业率低、收入水平相对差的专业肯定会被家长忽视。

三是根据家长的职业来选择志愿。家长对自己所从事的职业比较熟悉，人脉关系较多，往往也让孩子选择相关专业，好在就业时相对容易一些。还有的单位和部门对本单位职工的子女有相应的照顾政策，如在同等条件下优先录取等，这也是家长考虑的一个方面。

四是根据往年家长的经验选择志愿。家长往往听从其他家长的报考经验，综合考虑他们的意见和建议，再经过自己的权衡来确定孩子的志愿。

五是根据孩子的高考成绩来选择志愿。这类家长比较多，他们会对近几年各学校录取分数线进行研究，然后根据孩子的成绩，在相应的分数段内给孩子选择学校和专业，以确保孩子能被所报学校录取，避免调剂和退档。

我们来看看这些看似理性的选择，有多少是根据孩子的兴趣选择的，又有哪种选择是根据孩子的特长或强项考虑的！以上的种种选择无非是家长的一厢情愿罢了。这就不难理解孩子上了大学后，会出现不再努力学习和钻研，而是当一天和尚撞一天钟混日子的现象了。

孩子们的职业规划应该由孩子自己决定，或者至少要认真考虑一下孩子的意愿。家长应该在对孩子的个性、兴趣、爱好、意志、品质等方面综合分析的基础上做出慎重选择，而不是完全由意志来决定。在这方面家长需要学习的东西还是很多的。

记得那是高二结束后的暑假，我和儿子谈起了今后的职业理想。由于受经济形势的影响，我建议孩子考经济类的大学，毕业后能从事的行业较多，收入也很稳定。儿子看着我的眼睛说："你说的经济类的大学都学什么？"儿子完全一副迷茫的样子。我解释说："像会计学、财政学、经济管理等专业都是这类大学的主要学科，也是热门专业，就业形势也很好。”儿子接着问道：“会计到底是干什么的？就是记账算账吧。”乍一听这个问题，我也说不上会计到底是干什么，我就跟儿子说：“要不咱去山东经济学院（章丘校区）（山东财经大学的前身）看看去。”我们母子说走就走，骑着自行车边欣赏校园的美景，边看着宣传栏里的介绍，对学校开设的专业有了一些了解。回家后，我们在网上查了查有关专业的具体学习内容，又了解了一下部分企事业单位及银行等会计岗位工作人员的工作状态。本来以为儿子了解了这些后，会赞同我的观点，可是儿子却说：“我不喜欢这些专业，没有一点的创新机会，干上这行后就知道我三十年后的状态了，完全是一个机械的、枯燥的工作状态，我不学。”儿子的坚定和果断让我很惊讶，原来儿子确实长大了，有自己的想法和规划了，做父母的不能只看眼前利益和现实而影响了孩子今后的发展。想通了，也就放心了。当儿子高考成绩出来后，按照他的想法报了他喜欢的机械与自动化专业，并被顺利录取。

其实，每个孩子都有自己的想法和规划，只不过我们做父母的，总是认为孩子小，没有社会经验，总想替他们做选择和决定。这样做的结果却让孩子今后的发展被父母的选择限制了，孩子发展的上限就是父母能看到的高度了。

我们看看现在的成功人士，哪一个是按照父母给定的路线行走的？哪一个又是在父母的关照下发展起来的？因此，家长应该做的就是，观察孩子的爱好和兴趣，帮助孩子了解他们喜欢的领域和专业，然后完善他们的理想和规划，这才能真正帮助孩子走向成功。

关于高考

对于高考的话题，各种报刊以及网络媒体谈论的都比较多，特别是每年的高考期间，各种减压方式、饮食调理、考试技巧等文章更是铺天盖地，我只想对家长们说一句话，那就是：

“面对高考，
请保持你的情绪平和，
其他的都顺其自然吧。”

关于大学的学习和管理

对这个话题，我想跟家长们说说我的做法，我觉得效果还是不错的。在孩子上大学的前一天晚上，我和孩子进行了一次非常正式的谈话，主要是关于大学生活方面的话题。

我们从四个方面进行了交谈。

一是健康。我从身体健康和心理健康两个方面与孩子进行了沟通和交流。孩子在家时有我们的照顾和关心，当身体不适的时候，我们会及时帮孩子调适，而孩子心里烦闷的时候，我们也能及时给予化解或疏导。但孩子上了大学后，他就要自己面对这些问题了。我跟孩子强调的一点是，健康永远是第一位的，没有了健康就没有了一切，要让孩子明白这是最重要的。这里我给了孩子几个建议，一是要有一个健身计划。最简单有效的方式就是跑步了，它对场地、器械的要求简单，也可以根据学校的条件进行一些有氧运动，注意安全。身体好是一切的本钱，因此，要好好锻炼，要坚持锻炼。二是要学会适应和宽容。要学会适应新的环境，学会适应大学的生活和学习，同时还要学会宽容待人，和老师、同学搞好关系，尤其是大部分同学都是独生子女的情况下，能考上这样好的大学，多多少少会有一些骄傲，要以宽广的胸怀和同学友好相处，以宽容和真诚去对待同学。三是要保持积极向上的健康心态。在人才济济的大学里，有的学生家庭经济条件好，花钱比较大方，做事有底气和豪气，有的来自农村，家庭可能相对比较贫困。对此，一定要摆正心态，既不能相互攀比，更不能有所歧视，要一视同仁、平等相待、不卑不亢。要努力把自己的事情做好，在力所能及的范围内，帮助那些需要帮助的人，要以满腔的热情和积极的心态去面对各种事情。四是要学会沟通和交流。不管是老师和同学，沟通和交流都是解决问题的最佳途径。在遇到问题的时候，不要逃避，也不要着急，而是要静下心来想想问题产生的原因，然后试着去沟通和交流，一般的问题都会迎刃而解的。这些看似大话空话，但却是一些做人的基本原则，在实际过程中也能起到很好的作用，它会让孩子尽快适应大学生活，这对孩子来说是非常重要的。

二是学习。我们谈到，经过三年紧张的高中学习，突然来到大学后，既没有班主任老师的严格管理，也没有成绩排名的压力，更没有家长的催促和唠叨，可能会让你不知所措、无所适从。要迅速适应大学生活，就要先从学会自我管理开始，要把学习的事真正当成自己的事来对待。同时我们还谈起，在学习比较轻松的时候，要多读书，多学一些和自己的专业相关的知识，来填充过于空闲的时间。我特别强调的是，无论哪门课程，不管难易程度，我们的底线是不能挂科，对公共科目比如英语，则要求必须通过国家四级的考试，有能力的话最好能考过六级，这是对孩子的基本要求。在谈话中，我尽量少说教育的话题，而是侧重于具体的操作，让孩子能有一个便于使用的方法和明确的方向。

三是理财。我觉得学会理财是每个孩子应该拥有的意识，也是今后生活的一项技能，家长有义务让孩子学会理财。在我们分析了北京大学生每月必需的花费后，共同制定了一个消费计划。每月我给孩子的卡里打800块钱，用于他的支出，包括吃饭、日常生活用品的购买以及买书、郊游等的基本开销，而额外参加的学习、各种证书的考试费用、衣服等费用则由我来承担。我们对服装的要求就是购买普通品牌，如果孩子要买名牌服装，多出的差价由孩子自己想办法解决。如果孩子在大学期间谈女朋友，则交女朋友的开销由孩子自己负责。这样做的目的就是让孩子知道哪些可以由家长负责，哪些必须由他自己承担。这个看上去有点苛刻的计划，让孩子在基本适应了大学生活后就开始找寻兼职工作。他做过家教，帮管理员排过自行车，当过辅导员，利用节假日外出进行有偿兼职，同时还通过自己的努力在学校获得了多项奖学金。从大二开始，他买衣服、换手机、交话费、外出游玩等都是花自己兼职打工挣的钱。不但如此，还用自己挣的钱给我和他爸爸买了衣服和时尚用品。经过锻炼，他的理财意识和理财能力都有了很大提高，这让我感到非常欣慰。

四是恋爱。恋爱是每个人的正常心理和生理需求，也是这个年龄必须面对的事情，在大学谈一次恋爱也是一件很美好的事情。我告诉他，要谈的话就要抱着认真的态度去谈，不能不负责任地闹着玩，更不能欺骗别人的感情。作为男子汉，要有对自己的行为负责的态度，这样的恋爱才是健康和快乐的。

由于工作做在了前头，孩子在大学期间的学习和生活，我基本上采取的是放任不管的态度，结果就是儿子在大学期间得到了较好的成长和发展。

虽然孩子长大了，不需要我们呵护和管束了，但在关键时刻，作为父母还是要及时给予指导和帮助，让孩子们能少走一些弯路，这对他们的成长是有好处的。

那是在儿子大四实习的时候，因为对实习单位不适应，孩子有打退堂鼓的想法。在这个人生的又一个关键点处，我觉得应该帮儿子一把，把我的经验和想法告诉他，以便让儿子有一个正确的认识和较妥当的做法。于是我给儿子写了一封信，以引导他正确认识社会和工作，尽快完成从学生到职场达人的角色转变。这里我想和大家一起来分享这封给儿子的信：

儿子：

你现在来到了人生重要的路口，作为父母，我们觉得有必要给你一些指点和帮助，也许帮助不大，但也绝不是多余的。请你耐心把这封信看完。

儿子，人生之事十有八九不如意，也不是每个人都能从事他愿意从事的工作。如果遇到一点挫折或不如意就选择放弃的话，那就很难在社会上立足，更不用说有所作为了。

爸妈并不想你有多大的成就，也不奢望你过上锦衣玉食的生活，平平淡淡、健健康康就是我们的生活。但我们希望你成为一个坚强的男子汉，能左右自己的情绪，并以一个阳光男孩的心态去面对社会、面对人生。

在你进行人生选择的时候，如果总是左顾右盼、思前想后的话，那就只能将自己束缚、越捆越紧，这不但与你的理想相悖，也与你的能力和努力相差甚远。

社会是一个大熔炉，人复杂而多变，要想更快地适应它、驾驭它，那就要改变自己。有句格言说得好："你改变不了现实，那就改变你自己。"

也许我们不是很了解你目前的处境和心态，但我们觉得，在师傅批评你以前，你还是比较喜欢这份工作的，心态摆得也很好，工作状态也是积极向上的。自从师傅批评之后，你的压力陡然增大，情绪也随之低落和消沉，这时你看到的和想到的就跟过去不一样了。

记得苏东坡与佛印大师的故事吗?

有一次苏东坡来到寺院找到佛印大师与其参禅打坐，坐了很长时间，大师问他你在对面看到了什么？苏东坡坐在那里并没有真正参禅打坐，他眯着眼睛，偷偷地看了佛印大师一眼，在他眼里的佛印大师长得黑黑的，又矮又胖，他差点笑了出来，于是对着大师说："在我的面前，我仿佛看到狗屎一堆……大师，你的面前看到了什么？"大师没有改变一点声色，沉稳地说道："在我面前，我仿佛看到如来本体。"

这下可把苏东坡乐坏了，心想自己可占到便宜了，我把佛印说成狗屎一堆，而我却像如来本体。苏东坡高兴地回到家里，把事情的经过跟他的妹妹苏小妹说了一遍，苏小妹虽然年龄比他小，但却是个胸怀大志的女性，看到哥哥得意的样子就大声对他说："哥哥，你还在那得意，这下你可输惨了，佛家讲的是心境，你心里想到的是什么，你看到的就是什么。你说佛印是狗屎一堆，其实你就是狗屎一堆，他心里想到你是如来本体，其实他自己就是如来本体……"听到这，苏东坡恍然大悟。

这就是我们所说的境由心生。所以我说你要调整好你的心态，积极去改变它而不是任由不良情绪来支配你。

昨天我无意间看到了《功夫熊猫1》，很受启发，这部电影也许你看过，里面的几句台词正好符合你现在的情况。龟大仙对熊猫说：“昨日之事昨日死，未来之事不可期，把握现在莫等待。”而狐仙大师对熊猫说：“从来没有什么秘籍，就是用心把事情做好。”如果你有时间的话，可以重新看一遍，特别是第30～32分钟、42～46分钟以及68分钟之后的片段，仔细体味和反思一下，对你是很有好处的，也会明白我们的用心。

儿子，你真正进入社会以后，总想追求做自己喜欢做的事，但也许永远也不会有这样的工作。

静下心来想一下，你刚刚实习的时候是非常喜欢这份工作的，两个月之后特别是受到批评以后出现了问题，你就不喜欢这份工作了，甚至有了马上放弃的念头。那么要是换一份其他工作，会一帆风顺吗？会一直喜欢下去吗？

你已经是一个成年人了，应该有一些抗挫折的能力。我们并不反对你去找其他工作，我们反对的是你面对挫折的态度以及自我调节情绪的方式。你们是年轻一代，接受了更多现代观念和信息，那么你想，假若你在国外，如果是因为自身的问题而跳槽的话，公司会给你写一个很高的评价吗？其他公司会重用你吗？而公司要挖人的话是挖骨干力量还是挖一个逃兵？

你觉得自己在学校里各项工作都游刃有余，处理得很妥当，但那都是昨天的事情，并不代表你以后的各项工作都顺风顺水。如果

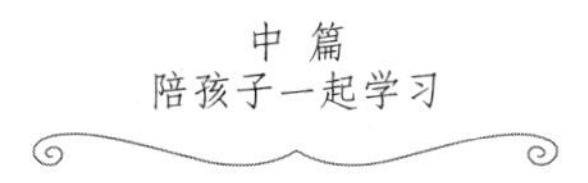

你觉得自己有能力，公司领导也看到了你的能力，那为什么自己觉得干不下去了呢？你觉得是你的问题还是公司的问题？如果你把责任推到了公司身上，那下一个公司就不会有问题了吗？

我还是那句话，要跳槽也是在公司和领导看到了你的能力以后再跳，而不是让别人认为你不行而跳槽。

要相信自己，把握好自己的情绪，才能立足于社会、立足于未来！

爸妈相信你的能力，包括你的工作能力、适应能力、沟通能力、自控能力。高中时你遇到了基本相同的挫折，但很快就调整了过来。爸妈相信你会通过自我调整，通过和师傅的沟通，很快平和心态，愉快地去面对一切。

对你来说，工作的压力可能并非全部来自工作本身，更多可能来自于尚未沟通或沟通不够。沟通和幽默是融洽人际关系的黏合剂。我们一直相信你的情商是很高的，这点事难不住你。过去的学徒工是经常受到师傅批评，甚至是打骂的，严师出高徒嘛。批评在很大程度上可能有点恨铁不成钢，你要正确面对，有则改之，无则加勉，要愉快地接受。你将来的领导可能很多像现在的师傅一样，甚至远不如他。退一步海阔天空。我们所说的退一步并非是回避，更不是逃避，要用背水一战的心态去渡过难关。有时领导心情不好时也可能批评人，任何人都曾和领导吵过架，但大多事后便风平浪静了，有的也都节节高升了。要看到希望。

我们相信你行。我们是你的坚强后盾。我们永远支持你。

祝你健康快乐！

爸妈即日

这封信给了儿子一些帮助和指导，让他在短时间内调整好了自己的心态，以更加积极的态度去面对他的师傅和他的工作了。

所以，要想孩子成功，家长就要跟上孩子成长的步伐，去学习，去成长！

下篇 陪孩子一起成长

从我们当父母的那一天起，我们就进入了一个学习和成长的过程，这个过程会伴随我们的一生。可是有的家长完全是围着孩子转，眼里心里都只有孩子，完全失去了自我，忘记了孩子终将是要远离我们的。其实，养育孩子不过是我们人生中的一个插曲而已。我想提醒各位家长，除了要照顾好孩子之外，更应把自己的生活过得有声有色，把自己的人生描绘得绚烂多彩。只有这样孩子才能信服你、佩服你，才能以你为榜样去学习和生活。请家长们记住一句话——“你的光彩是孩子骄傲的资本”。既然这样，那我就送给大家一枝花吧，名字就是“勿忘我”。

这里我想从幸福生活、快乐工作、适应变化、个人修养等四个方面说说我们家长的成长话题。

一　幸福生活

学着给生活一个微笑

我们每个人的生活都不是一帆风顺的，都会遇到各种各样的挫折和困难，这需要我们正确面对。抱着“给自己一个微笑，一切都会过去的”这种信心和勇气，还有什么能击垮我们呢？记得前几年，中央电视台做了一期有关幸福话题的节目，当时“你幸福吗”竟成了一句流行语，后来我也跟着琢磨了一下，幸福到底是什么呢？为此还写了一篇小文，算是给自己的一个答案吧。

幸福是什么？

幸福是什么？这句话好像成了当今一个流行语，或是社会的一种诉求。其实，每个人所处的阶段不同，对幸福的理解是不同的，也没有一个明确的答案，它只是每个人的一种心理体验或感受吧。

美国著名心理学家马斯洛的“需求理论”把需求分为生理的需求、安全的需求、社交的需求、尊重的需求和自我实现的需求五类，依次由较低层次到较高层次。当一个人为吃饱而奔波的时候，能有一碗热腾腾的面条就是最大的幸福；当一个人走在无人的黑胡同时，忽然发现一束微弱的灯光就是最大的幸福；当一个人获得

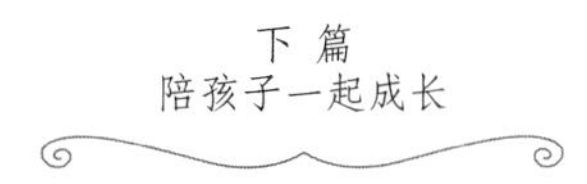

了成就的时候，有人能分享，能获得一个赞赏的微笑就是最大的幸福。因此，当我们经过艰苦的努力实现了一个梦想时，他的幸福感就会陡然在心底荡漾。

可是反过来想一下，有时幸福也并不全是通过努力而获得的，而是一种对比、一种参照、一种心态。当一直被你呵护的儿子，给你寄来了母亲节礼物的时候，你是幸福的；当你买了件心仪的衣服，被他人夸奖的时候，你是幸福的；当你捡到了一件东西，还给了着急寻找的人的时候，你是幸福的；当你睡了一个好觉，感觉很舒服的时候，你也是幸福的。因此，幸福并没有一个定义，也没有一个范围，它就是一种体验和感受。

但是，如今为什么有些人总觉得幸福的时候少、不幸福的时候多呢？那也是一种体验和感受。在你没有评上职称，而其他人评上的时候，你觉得是不幸福的；当你没有当上领导，而不如你的人给你布置工作的时候，你觉得是不幸福的；当你清闲惯了，单位给你安排个繁忙工作的时候，你觉得是不幸福的；当你上下班很随意的时候，你觉得打卡签到就是不幸福的……这时候的人往往从个人的私利出发，眼中看到的只是个人的得失和优点，而没有发现，其实社会是比较公平的，是有一定秩序和要求的。

前面说到，幸福是一种对比、一种参照、一种心态，而不幸福也是同样的。当你经过层层关卡评上职称的时候，你感觉是幸福的；评上了职称，没能聘上，你又觉得是不幸福的；当有了名额聘上了，你觉得是幸福的，而在拔高聘任中没能拔高聘任，你又觉得是不幸福的；凡此种种，不一而足。因此说，成功带来的幸福感大多稍纵即逝，而幸福源自内心的追求！

其实幸福与否就是一种体验和感受，当幸福来临的时候，好好享受它，当感觉不幸福的时候，想想幸福的事情。用一个成语来说，那就是知足常乐！

其实，真正的幸福不在于拥有的多，而在于计较的少。

对幸福是什么进行了一番思考后，我的结论就是，给生活一个微笑，幸福就不会走远。

学着给家人做一桌好饭

对于吃饭这件事情来说，其实就是让全家人能经常在一起，吃自己喜欢的可口家常便饭。但随着我们生活节奏的加快，生存压力增加，一家人齐聚在餐桌前吃饭竟变成一种奢望，而社交生活变得比家庭晚餐更重要。

美国教育学家莎莉·路易斯在她的作品《唤醒孩子的才华》中写道："两年前，有人研究哪些因素会促使孩子在学习能力倾向测试上得高分，智商、社会条件、经济地位都不及一个更微妙的因素重要，那就是经常与父母一起吃晚饭。"这个结论是不是让我们觉得不可信？

在一天的劳作结束之后，白天分散各处的一家人重新相聚在一起，分享一桌美味佳肴。这是日常生活中每天都应该拥有的一段节日般的时光，是创造松弛、平等、愉悦的谈话氛围的最好时机。

餐桌边，每个人都可以谈谈自己一天的经历、见闻和感想。爸爸妈妈商量绝大部分问题都没有必要避着孩子进行，让孩子了解家里的经济情况、投资打算，让其参与商量家庭旅行计划……孩子作为家庭的一分

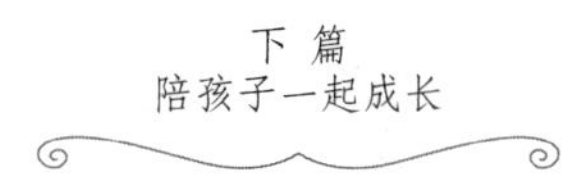

子，有必要了解这个家庭的面貌，从小就明白自己对家庭该负起的职责与担当，在这个前提下他会帮助自己成长，做出自己的选择。

记得在2002年的时候，我姐姐的单位要集资建房，她看到我住的房子很小，就想把这个机会让给我，但是受当时观念的影响和经济条件的制约，我一时很难下此决心。毕竟当时商品房的概念还不是很熟悉，再说我们住在单位的大院里也很方便。我们全家就利用吃饭的时间讨论这件事情，大家你一言我一语的，纷纷说个不停，这个说还是买房吧，我们住的面积确实太小了，那个说把钱投在房子上，用于我们日常生活的开销就要减少，会影响我们的生活质量的；这个说上哪去筹借这么多钱，我们有住的就行了，那个说我们可以贷款，等等。那时候孩子才13岁，刚上初中，看我们聊得热烈，也积极地参与到我们的谈话中，最后经过再三权衡，我们决定买房。

这个决定做出后，全家人就像约好了似的，都在悄悄地减少开销，能省则省，孩子也不例外，整整一个暑假，几乎没有买过冰激凌，也不像从前那样乱花钱了。没想到，我们刚把定金交上，就赶上了房地产的涨价行情，可以说一周一个价，一天一个价，涨得让人不敢相信。人们都说我们有先见之明，赶在最便宜的时候买到了好房子，其实我们的决定也是经过了反复论证的，不过这个论证是我们全家在饭桌上集体的结晶，我们现在正在享受着这种快乐的延续呢。

经过参与这样一件大事，孩子好像成熟了许多，在谈话和交流的时候也会从全局出发去考虑问题，不再是只顾自己的需要了。

儿子上了高中，我们就更珍惜共进午餐的时光了。因为高中要上晚自习，晚饭时间短，孩子们都不回家吃，所以我们只有吃午饭的时候才能有点时间聊天。那是我们一家人最快乐的时光。儿子要求我每天给他买一份《参考消息》，中午回来先浏览一下报纸内容，然后就开始饭桌谈话，包括他在学校的有趣事情、同学或老师的外号、报纸上的国内外新闻、对一些热点事件的看法等，连哲学上的一些问题也是我们谈话的内容，也包括我们规定的读书感想，我们还给这段时间起了一个名字——家庭午餐沙龙。从这个名字上大家就能看出，我们是在一个多么愉快和轻松的环境中进餐的，这是我们每个人都很珍惜的一段美好时光。

所以说，把全家人聚合在一起，学着给家人做一些可口的饭菜，实际上也是健康生活和良好教育的一种保障，最好的家庭教育就是和全家人一起吃很多很多顿的饭。可是要注意，在饭桌上不要指责和教育孩子。

学着给生活一些惊喜

惊喜，我们往往期待着别人的给予。妻子期待丈夫在结婚纪念日的时候，给自己买一件心仪已久的首饰；孩子期待在生日的当天收到父母送的iPad；还有人期待意想不到的收获，等等。这些都是人们的正常心理，也会给我们带来一些惊喜和快乐。但是我们是否想过给自己一些惊喜呢?

其实惊喜随时可以降临，就看我们怎样看待了。

记得在孩子很小的时候，我给孩子织了一身天蓝色的毛线衣裤，织好后怎么看都觉得小孩子穿上有点呆板，我就找了点橘红色的毛线，对比着一个小鹿的图片在上衣的右下角缝了一个欢快的小鹿，寥寥几个线

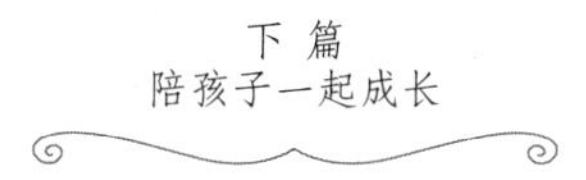

条顿时觉得这件毛衣有了生机和活力，我接着又找了一些黄色的小布片按照剪纸上的图样剪了两只小狗，缝在孩子的毛裤的膝盖部位，这个小创意既增加了衣服的灵动感，还能防止膝盖过早磨破，真是一举两得。为此，我高兴了很长时间，也给全家人带来了惊喜和快乐。

其实，惊喜并不需刻意营造，刻意营造便不会是惊喜了。户外爬山，采回来一些野山菊花，放在花瓶里，那种泥土的芳香给放学回家的孩子一个很大的惊喜；用过的饮料盒，把盒底用粗针穿几个小洞，放在水盆里过滤茶叶，每次用的时候都要惊喜一番；将一件穿旧的牛仔裤，用小缝纫机做成鞋垫，又养脚又防臭，孩子念念不忘呢；将孩子的照片打印成一个台历，放在写字台上，每天看着自己的变化，心情也是很愉快的；学着制作一些小视频，过一段时间拿出来全家人一起看，会笑得前仰后合，等等。这些小创意，都是给平凡生活的小小点缀而已，但正是有了这些点缀，反而让平凡的生活增加了更多乐趣和情趣。

但很多时候，情况却恰恰相反，应该引起我们的重视。随着电子设备的普及和使用，现在很多家庭聚会是各人捧着各人的手机或iPad，独自欣赏着自己喜欢的内容，时而欢笑，时而愤怒，减少了与家人的交流，也很少与家人分享了。即使大家在餐桌上就餐，也是各自玩着自己的手机，低头吃着自己的饭，家庭的气氛显得压抑又沉闷，没有了欢笑，更缺少了惊喜。有的家长由于工作压力大，整天愁眉苦脸，动不动就把火气撒在家人身上，给整个家庭带来不快和烦恼。试想一下，在这种气氛中长大的孩子是不是会变得越来越孤僻和冷漠呢。

所以，想要找回家庭的温馨，给孩子一个快乐的童年，家长们就要学着给生活一些惊喜，让家人充满快乐、增加活力，让家庭充满吸引力和凝聚力。一个小小的创意也许微不足道，但它是开启快乐的钥匙，生活的快乐就是由这些小小的惊喜连接起来的。当家庭中的惊喜越来越多的时候，我们的家庭就会越来越快乐，气氛也会越来越融洽。这时候，你会发现，我们整个人的精神面貌都会得到改善，我们的思维会更加活跃，精力也更加充沛和旺盛，在自己的工作中也会创意连连，令同行和领导刮目相看。当这种快乐的情绪成为我们的习惯时，也许正是我们工作取得成功的那一刻；当这种快乐的情绪渗透在我们生活中的时候，我们的生活一定是美好而幸福的。因此，小小的惊喜带给生活的是快乐，带给工作的则是成功。

学着创设一个温馨的环境

“扫除力”，就字面意思来说是很好理解的一个词，它来源于席卷全球的生活哲学。哈佛商学院经过多年的研究，发现一个现象：幸福感强的成功人士，往往居家环境十分干净整洁；而不幸的人们，通常生活在凌乱肮脏中。

我们在看美国家庭剧《成长的烦恼》时，经常看到他们全家一起打扫卫生的镜头。原来，美国人一般都把周末定为家庭扫除日，收拾房间、洗车、除草、洗衣等都是全家人一起干的。家庭成员也各有分工，一些修修补补的事，都是自己动手。一些体力活，往往由父亲带着男孩子干，而收拾厨房、餐厅等则由母亲带着女孩完成，个人的房间则由个人来负责打扫。在全家动手创设温馨的环境时，每个人都感到家庭是一个整体，每个人都要为这个整体出力，来共同营造温馨舒适的家，每个人也都会感到幸福和快乐。

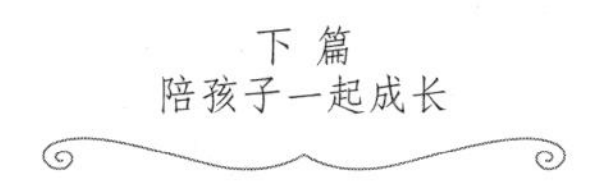

再来看看我们的现状吧。多数家庭的家务活基本上都是父母或祖父母来完成，孩子只负责学习，其他的可以说什么都不管，就连洗袜子这种很小的事情也由家长代劳。

其实，做家务并没有那么难，也不会浪费孩子多少宝贵的学习时间，他们玩游戏、看手机浪费的时间远远超过做家务的时间。如果我们能学一学美国的家长，我想不光对孩子有利，对家庭关系的稳定、增进夫妻的感情也都是有好处的。

试着让孩子和家长一起做家务吧，让全家人共同来营造一个温馨、甜蜜、幸福、快乐的家庭氛围，在干净、整洁、优雅、舒适的环境中快乐地生活。

学着释放生活中的不良情绪

我们在生活和工作中，总会遇到各种各样的压力和烦恼，特别是生活成本越来越高带来的压力、工作中的竞争和不稳定带来的压力、孩子的升学和就业困难带来的压力、就医困难和高额费用带来的压力、环境破坏和污染带来的压力以及放心食品的匮乏和食品安全带来的压力等，不一而足，这就是我们现在的生存环境，也是我们每个人都必须面对的现实。

这些压力无疑会给我们带来很多不良情绪，而这些不良情绪又会传染给我们的家人，使我们时时笼罩在坏情绪的包围之中，时间长了，不但负面情绪越积越多，还可能给家人带来疾病和灾难。因为不良情绪会使人感到难受，降低自我控制能力和活动效率，做出一些令自己后悔的事情。

我们经常会看到这样的情况，一个孩子气冲冲地跑出家门，并狠狠地把门一摔，父亲在屋里则大叫：“真是气死我了，你还敢跑，看你回来后我怎么收拾你！”母亲则哭哭啼啼，顿时屋里充满了愤怒的坏情绪，父亲看到没有了责骂对象后，就开始生闷气，心跳加速，浑身发抖，脸也涨得通红，情绪久久不能平静下来。

如果这种情况经常发生的话，我们是不是就能理解为什么现在的孩子离家出走得多、彻夜不归得多甚至走向极端得多了呢?

我们再来看看这样的场景吧。一天爸爸下班回家，刚打开门，孩子高兴地迎上前去，让爸爸带他出去玩滑板车，可是爸爸把孩子一推，说：“去去去，自己玩去，爸爸烦着呢。”可是孩子就是孩子，非得缠着爸爸和他玩。这可惹急了爸爸，拿过滑板车告诫孩子：“再嚷嚷，我给你砸了。”孩子一看爸爸气愤的样子，不知道啥原因，吓得哭了起来，爸爸越看越烦：“我让你哭，让你哭！”边说边真的把滑板车砸得粉碎。过后爸爸很后悔，就是因为在单位上一件不顺心的事，愤怒的情绪还没来得及释放，就一股脑地发泄在了孩子身上，既伤了孩子，也伤了自己。

所以说，我们都要学着释放不良情绪，给家一个安宁平静的空间。当我们产生坏情绪的时候，可以试着这样做：

首先，可以采取呼喊法。当觉得心中有压力时，找一个空旷的地方，对着远处大喊几声，把心中所有的情绪压力都释放出来。

其次，可以选择音乐治疗法。在有压力的时候，可以戴上耳机在一个安静的地方，听上一些舒缓、轻松的音乐。音乐可以帮助人们放松心情，缓解压力。这时尽量不要听劲爆的音乐、悲伤的歌曲。

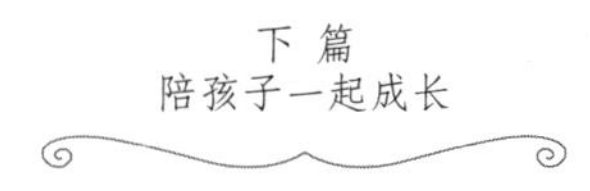

如果是工作中产生的不良情绪，那就采取推迟回家的方法。找一些好友聊聊天或去歌厅唱唱歌发泄一下，等情绪平静后再回家。

健身房也是一个不错的去处，在锻炼身体的过程中能发泄自己的不良情绪。

这些做法只是给大家一个建议，我们真正要学习的是乐观地面对压力和困难，对生活笑一笑。没什么大不了的，相信明天仍会是一个好日子。

二 快乐工作

前面我们提到了马斯洛的五层需求理论，他把自我实现的需要看作最高等级的需要。这种需要是为了实现个人的理想、抱负，发挥个人的能力到最大程度，完成与自己能力相称的一切事情的需要。该理论认为，为满足自我实现需要所采取的途径是因人而异的，满足这种需要就要求完成与自己能力相称的工作，最充分地发挥自己的潜在能力。也就是说，人必须干称职的工作，才会使他们感到最大的快乐。

乐观地面对工作

高尔基曾经说过：“工作快乐，人生便是天堂；工作痛苦，人生便是地狱。”工作的快乐与否直接影响着我们的生活质量。

众所周知，在现实生活中，选择什么样的工作很多情况下是身不由己的，但不管是出于兴趣还是迫于生计，工作终究是生活的主体，日子过得快不快乐，很大程度上取决于工作能给你带来多少快乐。其实，世界上没有不好的工作，让我们对工作产生不满的只能是不平衡的心态，快乐工作的关键就取决于心态。因此，我们要改变心态，不要抱怨，要用乐观和豁达的态度去面对当前的工作，我们也会从这种积极的改变中找到快乐。从自己胜任工作的那一刻起，我们就会发现，原来快乐工作就在自己身边。不要抱怨领导的苛刻，应换位思考一下，担任多大的职

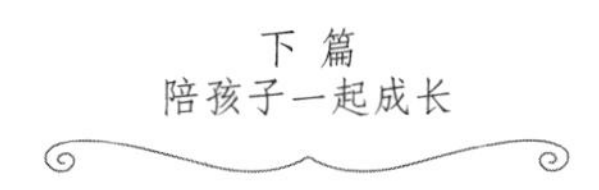

位就有多大的责任与压力，领导有领导的苦处，更何况他们也是血肉之躯，喜怒哀乐是人之常情。不要埋怨企业的制度不近人情，就像世界上没有完美的人一样，这个世界上也没有完美的企业。你有你的生存压力，企业也有企业的生存压力、发展压力；你有你的要求，企业也有企业自己的定位。当两者相互矛盾时，企业不会因为一小部分人的利益而轻易改变它的方针与决策，你要么顺应企业的发展要求，暂时改变自己的思想，为实现自我价值创造快乐，认真工作，要么你就干脆点，另谋高就。企业不会忍气吞声将就你，也不会不负责任地让你当一天和尚撞一天钟地应付工作，如果那样，于企业于个人想必都不利。

在政府机关或事业单位工作也是同样道理，我们面对单调枯燥的工作和复杂的人际关系，虽有突出的工作成绩却升迁无望或职称评聘不能如愿，这时一定要放平心态。因为你改变不了现实，但是可以改变自己，要学着慢慢调整自己以适应现实。你需要继续努力，静待佳机，因为机会是给有准备的人的。就像汪国真的诗所说："倘若才华得不到承认，与其诅咒，不如坚忍，在坚忍中积蓄力量，默默耕耘……那么明日，何妨做皓月一轮。"

用心地做好工作

新东方的俞敏洪有个原则，做人像山，做事像水。类似的经典名句在网上也经常看到，如"用心做人，用脑做事"等。在这里，我主要想强调一下"用心工作"的事。事实上，工作久了，有时真的很烦、很难。但如果真的身体力行用心工作，日子还是可以过得轻松而有趣的。用心对待工作，用心经营身心健康，一路走过去，待回头看时，自然会发现工作竟是那么美好！

一个认真工作的人，只能是称职；一个用心工作的人，才能企及优秀。用心不但能使我们做好现在的本职工作，更能对未来有长远的思考和规划。用心不但能使我们积极面对人生的每一次挑战，更能使我们征服人生路途中的每一次困难。一个没有用心工作的人，在人生的舞台上永远只能扮演一个不起眼的角色；只有用心去工作的人，才能完美诠释自己的生命内涵。

用心工作，最大的受益者是自己。大部分人总是渴望自己得到提升，得到加薪，但却在工作中一直抱着为老板打工、只是为了完成任务而工作的态度，工作没有激情，没有创新，甚至用敷衍、马虎的态度应付工作，这样受影响的只能是自己。用心工作既是对人生和生活的尊重，也是每个人得以生存和发展的前提。一个人要想得到企业和社会的认可，唯一有效的途径，就是用心对待自己拥有的工作，尽职尽责。有了工作这个平台，我们才能不断发展、不断开拓、不断提升自身的价值。

我们来看一个故事吧。

她到公司工作快三年了，比她来公司晚的同事都陆续得到了升职的机会，她却原地不动，心里颇不是滋味。

终于有一天，她冒着被解聘的危险，找到老板理论。“老板，我有过迟到、早退或违章乱纪的现象吗？”老板干脆地回答“没有”。

“那是公司对我有偏见吗？”老板先是一怔，继而说“当然没有”。

“为什么比我资历浅的人都可以得到重用，而我却一直在微不足道的岗位上？”

老板一时语塞，然后笑笑说：“你的事咱们等会再说，我手头上有个急事，要不你先帮我处理一下？”

“一家客户准备到公司来考察产品状况，你联系一下他们，问问何时过来。”老板接着说。

“这真是个重要的任务。”临出门前，她还不忘调侃一句。

一刻钟后，她回到老板办公室。

“联系到了吗？”老板问。

“联系到了，他们说可能下周过来。”

“具体是下周几？”老板问。

“这个我没细问。”

“他们一行多少人。”

“啊！您没让我问我这个啊！”

“那他们是坐火车还是飞机？”

“这个您也没叫我问呀！”

老板不再说什么了，他打电话叫张怡过来。张怡比她晚到公司一年，现在已是一个部门的负责人了，张怡接到了与她刚才相同的任务。一会儿工夫，张怡回来了。

“哦，是这样的，”张怡答道，“他们是乘下周五下午三点的飞机，大约晚上六点钟到，一行五人，由采购部王经理带队，我跟他们说了，我公司会派人到机场迎接。”

“另外，他们计划考察两天时间，具体行程到了以后双方再商榷。为了方便工作，我建议把他们安置在附近的国际酒店，如果您同意，房间明天我就提前预订。”

“还有，下周天气预报有雨，我会随时和他们保持联系，一旦情况有变，我将随时向您汇报。”

张怡出去后，老板轻松地对她说：“现在我们来谈谈你提的问题。”

“不用了，我已经知道原因了，打搅您了。”

她突然间明白，没有谁生来就能担当大任，都是从简单、平凡的小事做起，今天你为自己贴上什么样的标签，或许就决定了明天你是否会被委以重任。

用心的程度直接影响到办事的效率，任何一个公司都迫切需要那些工作积极主动、真正用心工作的员工。

保持平和的心态

虽然对于我们普通人来说工作的最大目的在于谋生，但整天忙于挣钱，而忽略了自己在工作中实现自我价值和社会价值的情感需要，的确是我们在工作中感觉“不快乐”的潜在因素。所以，在自己的情感需要和个人工作之间，还应该找到一个平衡点，不要顾此失彼。

这个问题的实质，是一个人在工作中的得失问题。在工作中付出的和得到的，其实有一把隐性的标尺可以衡量。在标尺中央，有一个分割点，付出与得到的比例越接近分割点，个人与工作的关系就越融洽，工作的快乐指数也就越高。但当个人忽略了去感受工作中获得的成就感，逐渐偏离这个分割点时，付出远大于所得，工作“不快乐”的危机就逐渐产生了，即便是一些小事引起的挫折，都有可能催化你的工作朝向负面的质变。

由于人的心理需求很难真正做到量化，因此这个隐性标尺的刻度总在不断变化，分割点也在不断游移，这就更需要我们不断调整自己，发现自己的需要，并给予自己心理上的满足——不管是薪水、交际还是合作、打拼，都不能忽略自己的心理感受，要时刻注意在工作中得失的平衡。

当我们能时刻保持心情的平衡时，就不会感到自己正在做一项追逐名利的工作，也不会感到自己要处心积虑地讨好或防范上司，而是能够把工作当作自己生活的一部分。到了这个时候，我们对工作的感受就会变得敏锐，也会乐于和工作的伙伴分享自己的每一刻，并在工作中体验到更多的“快乐”，也就是我们通常所说的工作“质量”。

追求个人价值的实现

先来看一个当代励志故事：腾讯保安哥华丽变身工程师。

这名保安名叫段小磊，现已成为腾讯研究院的外聘员工，负责数据整理等基础工作。

据腾讯透露，年轻的段小磊只有24岁，毕业于洛阳师范学院，拥有计算机和工商管理的双学位。他带着IT职业经理人的梦想来到北京，几经碰壁后，他决定从事上手最快的保安工作。2011年8月24日，段小磊应聘为腾讯的一名保安。在做保安期间，他没有忘记他的专业和理想，一有空闲就看计算机方面的书，还经常请教腾讯员工一些计算机方面的问题。真应了那句老话，机会总是留给那些有准备的人。在2012年2月，腾讯公司急需一批外聘员工，而段小磊以他熟练操作电脑的技能以及对数据处理的敏感，顺利成为腾讯的外聘员工，负责一些数据整理和数据运营工作。

除此之外，为了实现成为IT经理人的目标，他要求自己每天都有一个小目标，包括完成一套难度中等的数据整理、写一篇博客、修订一次错误输入等不起眼的事情。也许在不久的将来，这些不起眼的小目标会搭起一级一级向上的台阶，把他送到他想去的地方。

这个故事告诉我们，每个人不管地位高低、条件优劣，只要认真对待每一天，从点点滴滴入手，脚踏实地，用心去追求、去奋斗，理想的目标就会离我们越来越近。

我讲这个故事的初衷，是看到现在大多数家长总是拿着放大镜在找孩子的缺点，然后把自己没有实现的目标或理想强加给孩子，殊不知，这样做的结果就是家长和孩子都不可能有大的成就，也很难实现自己的理想。只有当我们保持实现个人价值的动力，才能在不断努力进取中，获得自我认同感，以此来影响和激励孩子，也许在当今多元化的社会中，说不定，会收获意想不到的成功呢。

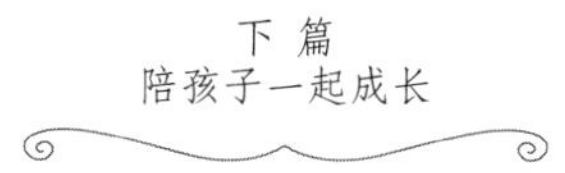

三　素质提升

我们在认识和评价一个人的时候，不仅会关注他的外在形象，更会注重他的品格、修养等内在素质。

那么什么是修养呢？修养是文化、智慧、善良和知识所表现出来的一种综合美德，是崇高人生的一种内在力量。修养是个人魅力的基础，其他一切吸引人的长处均来源于此。讲究情操修养，是我们中华民族的好传统，我国古代就有“修身齐家治国平天下”的说法。

下面我想从内修和外养两个方面来说说个人的修养问题。

内修

所谓内修无外乎就是修身养性，就是让自己变成有内涵、有品位、有魅力、有内在气质的人。它所涉及的内容和范围很广，我只是根据我的理解和体会，从潜心读书、艺术熏陶、增长见识、陶冶性情等四个方面来谈谈内修的问题。

（一）潜心读书

腹有诗书气自华。那么，该读些什么书呢？

当然是读经典。经典之所以

成为经典，必定有它的卓越之处。世界上的书籍浩如烟海，读不胜读，我们就是穷毕生之力，也难以博览其万一。而读经典，就是一个捷径。因为，经典是知识含量最多、见地最高且艺术性最强的著作，其他书籍无非是对经典的诠释、延伸、重复、解读。所以，熟读一本经典，比读一万本普通书籍都要有价值。北宋丞相赵普有一句名言："半部《论语》治天下。"我们要想尽可能多地获取权威的学识和道理，开阔胸怀，启迪思维，读经典肯定是事半功倍之举。

下表是教育部推荐的中小学生课外读物，如果我们能陪着孩子共同读完这些书，我觉得就是一项伟大的事业。

教育部推荐的中小学生课外读物

序号	书名	体裁	作者	序号	书名	体裁	作者
1	《平凡的世界》	小说	路遥	24	《稻草人》	童话	叶绍钧
2	《四世同堂》	小说	老舍	25	《暴风骤雨》	小说	周立波
3	《边城》	小说	沈从文	26	《小二黑结婚》	话剧	赵树理
4	《西游记》	小说	吴承恩	27	《西厢记》	戏剧	王实甫
5	《水浒传》	小说	施耐庵	28	《一千零一夜》	（民间故事）	（阿拉伯）
6	《三国演义》	小说	罗贯中	29	《汤姆·索亚历险记》	小说	马克·吐温
7	《红楼梦》	小说	曹雪芹	30	《红与黑》	小说	司汤达
8	《朝花夕拾》	散文	鲁迅	31	《鲁滨孙漂流记》	小说	笛福
9	《骆驼祥子》	小说	老舍	32	《格列佛游记》	小说	斯威夫特

续表

序号	书名	体裁	作者	序号	书名	体裁	作者
10	《繁星·春水》	诗	冰心	33	《名人传》	传记	罗曼·罗兰
11	《论语》	散文	（中）	34	《童年》	小说	高尔基
12	《呐喊 》	小说	鲁迅	35	《钢铁是怎样炼成的》	小说	奥斯特洛夫斯基
13	《女神》	诗歌	郭沫若	36	《哈姆莱特》	戏剧	莎士比亚
14	《子夜》	小说	茅盾	37	《堂吉诃德》	小说	塞万提斯
15	《家》	小说	巴金	38	《歌德谈话录》	散文	艾克曼
16	《雷雨》	戏剧	曹禺	39	《巴黎圣母院》	小说	雨果
17	《围城》	小说	钱锺书	40	《欧也妮·葛朗台》	小说	巴尔扎克
18	《传奇》	小说	张爱玲	41	《匹克威克外传》	小说	狄更斯
19	《组织部新来的年轻人》	小说	王蒙	42	《复活》	小说	托尔斯泰
20	《北京人在纽约》	小说	曹桂林	43	《普希金诗选》	诗歌	普希金
21	《青春万岁》	小说	王蒙	44	《老人与海》	小说	海明威
22	《谈美书简》	散文	朱光潜	45	《泰戈尔诗选》	诗歌	泰戈尔
23	《倪焕之》	小说	叶绍钧	46	《简·爱》	小说	勃朗特

阅读经典，如同与高人交谈，从中我们能汲取无穷的智慧、知识和能量。

怎样阅读经典才更有效呢？

可以边读边抄，好的书籍值得抄录。

《智慧书——永恒的处世经典》这本书谈的是知人观事、判断、行动的策略——使人在这个世界上功成名就且臻于完美的策略。全书由三百则箴言警句构成，这些箴言警句滋味绝佳而不可不与朋友、同事分享共赏，又鞭辟入里而不能不蒙敌人、对手于鼓里。

当我拿到这本书的时候，正好是孩子上高三的时候，我被每个箴言警句所吸引和折服，也为它的处世策略和方法叫好。于是，我决定把这本处世经典进行抄录，作为孩子上大学的一件可以珍藏的礼物。我买了一个精美的笔记本，拿出我上大学时父亲送的白翎钢笔，每天一篇箴言警句，边抄边想，有时还把个人的感悟写在箴言的后面，让孩子在读的时候也能反思一下他们的人生。在孩子上大学的前夕，我完成了这本书的抄录，郑重地送给了孩子，作为他上大学的一份特殊礼物。这本书不仅影响了我，也影响了孩子的为人处世风格。同时我抄书的行为也给孩子做出了榜样。孩子曾经对我说："看到你抄的这本书，就像看到你一样亲切，就像在听你的教导似的，我很感谢妈妈手抄了这本书。"

也可以边读边写，把读后的感悟及时记录下来。

《刘心武解读〈红楼梦〉》这本书可以说把读写做到了极致。

受刘心武的启发，我也在读书中尝试着写一些感悟和体会，觉得比单纯地读书要好得多，也能更加静心地去阅读。

我在学车的时候，正好是学校要求重读苏霍姆林斯基的《给教师的建议》一书，因此我边读边写下了这样一篇文章：

学车的启示

——读苏霍姆林斯基的《给教师的建议》有感

放假前，学校要求我们利用寒假重读苏霍姆林斯基的《给教师的建议》这本书。寒假期间，我们几个好友相约到驾校去学车。寒假结束，我拿到了渴望已久的驾照，同时也重温了《给教师的建议》这本经典名著。反思这个有意义的寒假，我不由得联想到了我的教学工作，使我对当前的教学改革和素质教育的实施又有了全新的认识。

在教学过程中，我们总是提醒教师要注意换位思考，站在学生的角度进行教学。但在现实的教学中又有几个教师能真正做到这一点呢？

在近两个月的学车过程中，我又真真正正地做了回学生，切身体验了学生的感受，并从中感悟到不同的教练采取不同的教学方法，会收到截然不同的教学效果。

感悟一：提高效率最好的方法是教师充分放手。

在刚开始学倒桩的时候，我们的教练把要领和注意事项说完，跟了一遍车就让我们自己练习。教练躲到一边喝水去了，只是偶尔指点一下。看到其他的教练一直在车窗外喋喋不休地指导和演示，我们有些嫉妒和不满。时间一点点在我们的指尖流过，我们的倒桩技术也在迅速提高。一天的练习在我们叫苦连天中过去了。当第二天我们娴熟地练习移库时，突然发现其他车上的学员倒桩时仍然离不开教练的指导和演示，更谈不上移库了。这时我想到了我们的课堂，想到了那些唯恐学生听不懂而在反复讲解的老师。本来学生对一个简单的概念已经非常熟悉，甚至能熟练地加以运用了，但老师仍不放心，还要在课堂上反复讲解，甚至要用上操作、演示、讨论等各种教学方法，不放过任何可能的疑问；而有的教师连学生可能遇到的问题也事先进行预设，以期通过教师的讲解将所有的问题消灭在萌芽中，而且美其名曰防患于未然。我们知道，创新是一个民族进步的灵魂，而当教师把所有的问题都解决了的时候，学生还有疑问吗？他还会去发现问题吗？他还会有创新意识吗？试想，学生可以不经过艰苦的脑力劳动就能获得的知识，对他们来说又有多大的价值？苏霍姆林斯基在《逐步养成儿童从事紧张的创造性脑力劳动的习惯》（第55条）中指出："重要的教育任务在于渐渐地养成儿童从事紧张的、创造性脑力劳动的习惯。如果儿童在学习中感到一切都很容易，那么渐渐地就会养成懒于思考的习惯，这会使人堕入歧途，使他形成一种对待生活的轻浮态度。"苏霍姆林斯基在书中第44条还说道："真正的教育开始于自我教育。如果一个儿童没有体验过面对书籍深思的激动人心的欢乐，那就很难设想会有完满的教育。"因此，作为教师，要学会放手，学会引导，而不是一味地像保姆似的对待学生，那样只会使学生陷入懒惰和迷惘。

感悟二：减轻学习负担的关键是给学生充足的自由时间。

由于我们选择的驾校比较正规，每车都是四个人，不多也不少。当我们刚分配完车后，教练就让我们根据个人的工作实际，将四人分作两组，每组学习半天，而其他车的教练则要求大家全天学习，以避免生疏和遗忘。刚开始的几天我们并没有感到有什么优势，随着时间的推移，整天学车的朋友明显感觉到了疲惫和负担过重，甚至动作要领和技术水平均出现了"高原现象"，而我们由于有充足的休息和反思时间，则表现出了强劲的势头，并在预考中全部合格，拔了头筹。这不由地使我想到了苏霍姆林斯基《给教师的建议》中第25条“想克服负担过重现象，就得使学生有自由支配的时间”的观点。他说：“学生的学习日被各种学校功课塞得越满，给学生留下的供他思考与学习直接有关的东西的时间越少，那么他负担过重、学业落后的可能性就越大。”在实施素质教育、减轻学生负担的今天，我们还经常看到这样的情形：学生每天10~12个小时坐在那里读书、听讲、思考、记忆、回想、再现，而这样做的结果就是学生疲于应付，教师则疲惫不堪，同时摧残着师生的体力和智力。学生没有自由支配的时间，就谈不上减负，更谈不上实施素质教育，也就无法全面发展。

感悟三：因材施教是永恒的教学思想。

学过车的人都知道，在场地教学中，教练通常会在车的前后各设置一个参照点，然后教一套要领，让学员容易掌握和练习。而在我们这个车的四名学员中，有一位近一米九的高个子小伙子，还有一位刚刚一米五的小姑娘，再就是我们两个一米六的中等个，教练不可能根据每个人的身高在车身上贴很多标志，那会引起混乱。因此，教练就以我们两个中等身高的人为参照在车身的相应位置上贴上了标志，让高个子的目光定位在标志左10厘米上，而矮个子则把目光定位在标志右10厘米。我们每个人都按照要领训练，最后都完成得很好，并顺利地通过了考试。也许，我们的教练不知道他采取的方法是什么，但他知道他的方法是卓有成效的。其实，这就是我们所说的因材施教。“因材施教”是我们的先圣孔子的教育思想，也是我们教育工作者应该遵循的基本教育思想。然而令人遗憾的是，我们一部分教师在课堂上对不同的学生提出的是相同的要求，对不同的学生提出的是相同的问题，甚至有的教师期望不同的学生都按照标准答案来回答问题！他们总想着怎样把学习困难的学生“拉上来”，怎样让所有的学生达到共同的目标，而恰恰忽略了学生的差异和个性。这就是当学生进入初中、高中以后，为什么有越来越多的学生被冠以“差生”头衔的根本原因所在。我们来看一下苏霍姆林斯基的做法，带给我们什么启迪。苏霍姆林斯基在《给教师的建议》一书中多次提到因材施教的问题，并以翔实的实例和具体的做法，为我们展现了一个伟大的教师是怎样对待每一个学生的。书中既有关于后进生的教育手段，也有对好学生的教育方法；既有对所有学生提出的“让每一个学生都有喜欢做的事”（第27条），也有针对学困生的“我怎样研究和教育学习最差的学生”（第96条）；既有对高智商学生的“要敢于鼓励学生超大纲”（第70条），也有针对学困生的“怎样对待学习有困难的儿童”（第76条）。他说，当学习困难的儿童跟能力较强的儿童在一起上课学习的时候，需要对他们加以特别的关心和有耐心。不要有一句话、不要有一个手势使得这种儿童感到教师已经对他的前途失掉信心。让学习困难的儿童去完成专门为他挑选的作业，完成跟班上大多数学生所做的难度不同的作业，是我们每个教师应该牢记的。

感悟四：承认差异是面向全体的先决条件。

在我们四个同学中，有一个同学接受比较慢，车感不好。开始时，教练总是以她为标准安排学习进度，生怕让她拖了后腿，但训练的结果是我们三人该学的没学到，而她该会的仍然不会。

这时教练意识到他的方法有问题，毅然改变了教学方式，让这位同学放弃了百米加减档、压饼子和过单边桥三项场地训练，在我们三人练习这三项时，让她去加强其他六项的训练。经过几天的训练，这位同学在减项训练中获得了自信，提高很快，最后我们都取得了令人满意的效果。试想，如果教练不改变教学方法，仍然用一个尺子衡量他的学生，将会出现什么样的后果？这不由地使我想起了苏霍姆林斯基《给教师的建议》中的第70条："要敢于鼓励学生'超大纲'。"他说，我们实行的原则是"每一个学生在学习中都应当达到他力所能及的成就"，这一点有助于我们达到全体学生的全面智力发展，防止学业落后的现象。我们不允许那些天赋高、有才能的儿童在低于他们能力的水准下进行学习。可是在我们的课堂上，在我们的考试中，教师往往将中等接受水平的学生作为参考对象，在安排教学进度、教学难度以及教学练习时，"好学生吃不饱，差学生吃不了"的现象比比皆是。这种表面上的面向全体，实际上是对好学生的摧残，也是对差生的一种不负责任。长此以往，我们的学校变成了工厂，我们的学生则变成了统一程序下生产的标准件！我们只有承认差异，针对不同的学生采取不同的教学方法，安排不同的教学内容，才是对全体学生负责，才是真正意义上的面向全体。

通过这次读写，我对《给教师的建议》一书有了更深刻的认识，更加体会到了苏霍姆林斯基的教育思想的伟大和精髓，对我的工作有了很大的帮助和引领。

（二）艺术熏陶

1. 艺术熏陶不可或缺

一个国家全民素质的提高，不仅体现在受教育程度上，更取决于他们对文化中精华部分的传承和发扬、对优秀艺术的认识和创造。

显而易见，无论是音乐、美术还是书法、舞蹈或其他一些艺术，对于人们的心灵都有一种潜移默化的影响。它或许不能带来看得见的利益和成果，但对于我们的心灵净化和启迪却有着不可替代的作用，甚至，当我们在人生旅途中遭遇到重大挫折时，也能在艺术的怀抱里获得感悟、启示和力量。

文化教育的本质首先是对于人的塑造，而现今我们的一些媒体和文化工作者却掺杂了太多世俗目的，忽视了基本的人性需求。像三俗作品的泛滥、凤姐的炒作、干露露的无节操表演等都在毁掉我们的审美和三观，也在腐蚀着我们的社会和人伦，这种危害是巨大的，影响也是深远的。

这些年全国普遍兴起的“钢琴热”以及艺术专业院校报考爆满的现象，不仅不能被看作人们对于文艺的热爱，相反，它只是实用性目的的外在显现。部分家长所关心的，不是某艺术家的作品如何优秀、他对艺术如何执着追求，而仅仅是某画家一幅画值多少钱，某影星拍一部戏拿到多少报酬，某歌星参加一次演出能拿到多少出场费等，这些现象都在影响着我们的孩子。

作为家长，只有提高艺术修养和鉴赏能力，在艺术的熏陶下成长起来，才能帮助孩子正确地认识艺术的魅力和价值，孩子们也才能在这些艺术的熏陶下健康成长。不仅如此，它还有助于孩子们鉴别真正的艺术

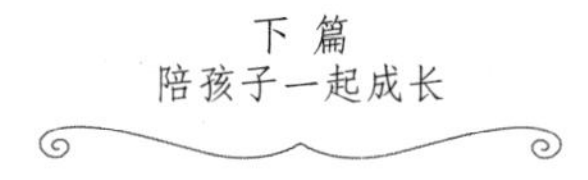

而不是仅停留于流行文化。

2. 做一个有文化的人

文化弥漫于我们生活的周围，生活在地球上的每一个社会人几乎每时每刻都在与文化打交道，不自觉地接受着文化的熏陶，同时也在创造着新的文化生活。积极、健康的文化能催人奋进，消极、低级的文化则令人消沉。文化既有形也无形，有形的物质文化在供人享受的同时，作用于人的生活；无形的精神文化在令人回味的同时，作用于人的灵魂。

文化到底是什么？我们可以用大家比较认同的四句话来表达：根植于内心的修养；无须提醒的自觉；以约束为前提的自由；为别人着想的善良。

我看过一个报道，一个年轻的母亲把自己准备丢弃的衣服、鞋子都打理得干干净净，然后放在垃圾箱的旁边，她的女儿不解地问妈妈，你都不要了，还整理得这么好干嘛，不如直接扔进垃圾桶里。这位年轻的妈妈温和地告诉女儿，这些都还能穿，也许有需要的人会捡回家去呢，如果弄脏了就不好了。女儿又说："那你直接给那些捡破烂的不就行了？"妈妈说："直接给他们，他们会觉得我们是在施舍，会让他们感到自卑的。"

这就是文化，根植于内心的修养。

我在《人民日报》上看到过这样一个故事：

周末，侄儿跟着一位华人去澳大利亚雪梨海域捕鱼，每撒下一网，总有收获。可是每次网拉上来后，那位华人总要挑拣一番，然后将大部分虾蟹扔回大海。他侄儿不解："好不容易打上来，为啥扔回去？"华人回答："符合规定尺寸的鱼虾才可以捕捞。"他侄儿说："远在公海，谁也管不着你呀？”华人淡淡一笑：“不是什么都要别人来提醒和督促的！”

这就是文化，无须提醒的自觉。

记得余秋雨先生的《行者无疆》中有一篇《追询德国》的文章，其中的故事情节还被重庆作为2014年的高考作文题呈现给了大家：

> 一个游客去波罗的海海滨度假，找到一处房屋，打算同房东——一位和蔼可亲的老人签下租房合同。老人劝他不妨先试住几天，看究竟合适不合适，再做决定。
>
> 游客住下后感到很满意，到第五天，将要签合同时，却发生了一点意外：一个精美的玻璃杯被他不小心打碎了。他有些忐忑不安地打电话告诉了老人，老人说：“不要紧，你又不是故意的，我过来签合同时再拿一个来。”游客把碎玻璃和屋里的其他垃圾打扫了。不久，老人来了，进屋后就问：“玻璃碎片呢？”游客回答说，已装进垃圾袋，放在门外了。老人赶紧出门，打开垃圾袋看过后，脸色凝重地对游客说：“对不起，我不再把房子租给你了。”
>
> 然后，老人仔细地将玻璃碎片一一捡了出来，放入另一个垃圾袋，写上：“玻璃碎片，危险！”

这就是文化，为别人着想的善良。

在公共场合，能自觉遵守公共秩序，不争不抢，安静地排队等待，是有文化的表现；对待迟到的外卖小哥，一句“不着急，路上注意安全”，是有文化的表现；在电影院，不接打电话，不影响他人的观影体验，是有文化的表现；在饭店就餐，不大声喧哗，教育孩子不乱跑乱

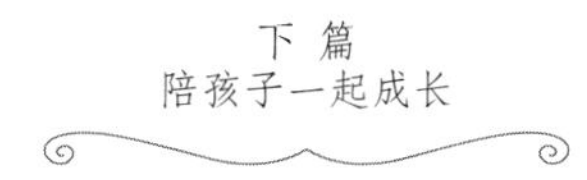

叫，是有文化的表现；对于法律和规章，能自觉遵守和执行，其实也是一种有文化的表现。

这些都是以约束为前提的自由。

所以说，文化并不深奥，也离我们的生活很近，它体现在生活的方方面面和事事处处，而这些也许恰恰是我们缺乏的。

那就让我们共同努力，来做一个有文化的人吧。

（三）增长见识

见识，就是所说的知识度，增长见识就是开拓我们的知识度。通俗地说就是涉猎广泛，见多识广。

首先还是广泛读书。多读书，读杂书，既能使我们增长见识，又能拓宽我们的知识面，还能让我们在工作中或与人交往中更加从容和自信。记得在1996年的时候，为了尽快提高小学教师的学历水平，山东省教育厅责成师训部门举办了小学专科学历自学考试，开设了小学教育专业。课程中一门《自然科学概要》赫然出现在目录中，当时由我来教这门课程。当我打开这本书的时候，发现内容涉猎之广是我没有意识到的，它包括了几乎所有的人类已有的自然科学领域的内容，是一部科普类的书籍。从这门课程的设计来看，不能不为当时的编者拍手叫好。这样的课程在为小学教师开阔眼界、增长见识、提高他们适应社会发展和科技进步能力方面的贡献是不言而喻的，它使这些小学教师在面对学生的时候会更加从容和镇静，在学生知识面越来越广的时候能给老师们一些自信和尊严。我受这本书的启发，开始广泛地涉猎各种报刊及各类书籍，甚至一些军事、武器、哲学、经济等与我们的生活较远的领域，也成了我关注的对象，这确实为我增加了许多见识，这些见识在与人交往中也充分体现了出来。在我做孩子们的咨询工作时，因为我的“见多识广”而更加让孩子们信赖和佩服，这是孩子们愿意和我说心里话的原因所在，也是咨询效果比较突出的一种优势条件。

第二步就是接触社会。一定要扩大自己的交友圈子，与不同行业、不同阶层、不同年龄的人交往，可以学到很多知识。他们的经验、学识、为人处世的方法等都能给我们启发和引导，也是我们增长见识的一个好途径。

第三步就是旅行了。行万里路，读万卷书。旅行是人们改造自我、拓宽视野的一个不错选择，当你走过的地方不断增多，你的经历就会丰富起来，你会猛然感觉个人的世界实在太渺小了。虽然现代的科技让我们可以坐在电视和电脑前就知道天下大事，但是却比不上我们的亲身旅行经历来的感性、透彻。所以我们要经常出去走走，世界有多大，你的心胸就会有多宽广；思想有多远，你的生命就会有多开阔。

当然，我建议还是不要跟团旅游，那种规定的线路、限制的时间、人员的嘈杂、购物的烦恼都会给我们的心态造成影响。最好的选择是一家人或几个好友相约出行，用心去体验旅行的快乐和收获，在经历的过程中开阔眼界、增长见识才不违背我们旅行的初衷。

（四）陶冶性情

陶冶性情是一个漫长的过程。当今社会，激烈的竞争，快节奏的生活，纷繁复杂的社会现象，追名逐利、强烈追求物质生活的欲望，给人们增加了无形的压力，使一些人的心态浮躁，身上充斥着许多俗气、燥

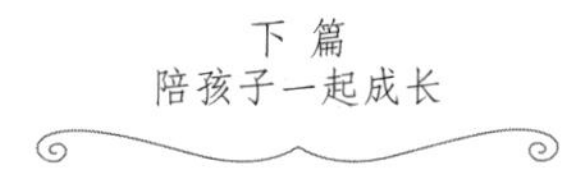

气。心烦意乱者有之，神不守舍者有之，着急上火者有之，归根结底就是缺少了一些静气。

宁静得以致远，平心才能静气。那么如何才能平心静气、豁达开朗，做到淡泊名利、志存高远呢？

这就需要我们很好地陶冶性情。

我们可以通过一些外部环境的熏陶使我们的思想、性格、品德得以改善乃至升华，这样可以激励我们的斗志，给我们的思想心灵以洗礼。例如，我们可以通过音乐、美术、摄影等方式来熏陶，也可以培养一两项其他的艺术爱好，甚至可以养花养草、养鱼养鸟、练书法绘画、运动旅游等，都可以修身养性、磨炼意志、陶冶情操，让自身素质得以提升。通过这些熏陶，慢慢地我们就会变得越来越知书达理、知荣明辱、品德高尚、优雅大度，就会更加热爱自然与生命。面对复杂的人生，我们就能平心静气、淡泊明志，就能淡定、从容，浩然处之，“看庭前花开花落，望天上云卷云舒”，宠辱不惊，致远宁静。

外养

和内修相对应的就是外养了。记得杨澜说过一句话“形象永远走在能力前面”，很有道理。这句话的意思并不是以貌取人，而是说良好的形象实质上是整体素质的体现，是对别人的尊重，也是对自己的诠释。

因此，我想从得体的穿着、优雅的举止、文明的习惯、健康的身体四个方面来说一说外养的话题。

（一）得体的穿着

所谓衣着得体，应该有三层含义。一是指着装应与自身形体、肤色相融合；二是指着装要符合自身的年龄特点和职业要求；三是，服装搭配自身要协调美观大方，还要与时代特点和环境相协调。能够给我们留下深刻印象的穿衣高手，不论是设计师还是名人，他们都创造了自己的风格。一个人不能妄谈拥有自己的一套美学，但应该有自己的审美品位。要做到这一点，就不能被千变万化的潮流所左右，而应该在自己所欣赏的审美基调中，加入时尚元素，融合成个人品位。融合了个人气质、涵养、风格的穿着会体现出个性，而个性是最高境界的穿衣之道。

有人说过，你将一套5000元的衣服穿得很好看，那不是你的本事，而是衣服的本事；你将一套500元的衣服穿得有品有位，看起来像5000元的甚至更贵的衣服，那是你的本事。你可以永远地自信——5000元的衣服也许有一天会打折到500元，但你的气质，你的风度，只会随着年龄和阅历的增长而累积，永远都不会打折。外在的打折总比内在的打折“系数”高！

因此，得体的衣着要与我们的年龄、身份、地位一起成长。

西方学者雅波特认为，在人与人的互动行为中，别人对我们的观感，只有7%是注意我们的谈话内容，有38%是观察我们的表达方式和沟通技巧（如态度、语气、形体语言等），但却有55%是判断我们的外表是否和我们的表现相称，也就是我们看起来像不像我们自己所表现出来的那个样子。随着年龄的增加、职位的改变，我们的穿着打扮应该与之相称。

记住，衣着是我们的第一张名片。

当我们并不十分了解自己风格的时候，不超过三种颜色的穿着，不

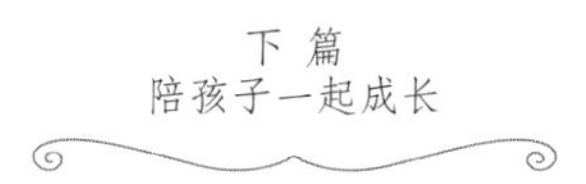

会让我们出位。一般整体颜色越少，越能体现我们优雅的气质，并给人利落、清晰的印象。

年轻人要穿出青春、健康和活力；中年人尤其是成熟女性则应以优雅为主，当然也要在自己成熟的装束中，添一点青春的活力才更有风采。不是有人说过吗，在女人的衣橱里，每个季节都要有一件自己消费能力以外的服装，这样在任何场合都不会觉得没有合适的衣服可穿了。

再就是佩戴饰物要得体。

现代人都喜欢佩戴一些饰物作为点缀，可以起到画龙点睛的作用，使自己看上去更漂亮、更具个性。但许多人在佩戴饰物后不仅没有达到这一目的，反而为自己的形象打了折扣，这是因为饰物戴得“不合时宜”。

一般来说，饰物的佩戴也有一定要求。

求精不贪多。在工作中也好，在生活中也罢，身上所使用的饰物通常越少越好。就首饰而论，女士戴戒指、项链、耳环、胸针之类的东西，在一般场合里，限制在三种之内是最好的，每一种不多于两件。

不带廉价的饰物。当上了家长就已经不是青春少女和懵懂少年了，应该有了一定的人生阅历和职场经验，如果再佩戴一些廉价的饰物则会给人比较轻浮的印象，也会影响孩子审美观的建立。

当然还要注意搭配。佩戴饰物时，应使之与你的服装协调，与你的其他首饰协调。比如，你戴一枚高档的钻戒，配时装最好了，至少它们会相得益彰。你穿牛仔裤，即使戴着正宗的钻戒，别人也会以为你戴的钻戒是玻璃做的，就不如带一串珠串显得洒脱。

（二）优雅的举止

举止是指人的动作和表情。日常生活中，人的一抬手一投足，一颦一笑，都可概括为举止。

举止是一种不说话的“语言”，能在很大程度上反映一个人的素质、受教育的程度及能够被别人信任的程度。在社会交往中，一个人的行为既体现他的道德修养、文化水平，又能表现出他与别人交往是否有诚意，更关系到一个人形象的塑造。冰冷生硬、懒散懈怠、矫揉造作等行为，无疑有损于良好的形象。相反，从容潇洒的动作，给人以清新明快的感觉；端庄含蓄的行为，给人以深沉稳健的印象；坦率的微笑，则使人赏心悦目。因此，我们在交往中应该使自己成为举止优雅的人。

从仪态举止来说，要从站、坐、行以及神态、动作等方面严格要求自己，古人对人体姿态曾有形象的概括：“站如松，坐如钟，行如风，卧如弓。”站姿优美给人以挺拔、精神的感觉；坐姿要端正挺直、大方得体；走路要挺胸抬头，肩臂自然摆动，步速适中；表情神态要表现出对人的尊重、理解和善意；谈吐要态度诚恳、亲切，使用文明用语，简洁得体。

正确的肢体语言。肢体语言包括我们的站姿、坐姿、谈姿及其他细小的肢体动作。它的重要性通过“首因效应”便可得知。肢体语言是一个人的第二张脸孔。正确的肢体语言能够传达积极向上的精神面貌，错误的肢体语言只能传递消极甚至低级的状态。根据吸引力法则，正确的肢体语言自然能够吸引更多相似群体来关注你。

下面我们来看一看一位祖父写给孙子的一封信：

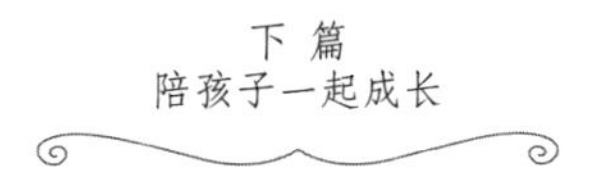

关于举止，我还有几句话要对你叮嘱。

总的说来，优雅的举止是一个人无私品质有目共睹的证据，在很大程度上源于心灵而非大脑。

最佳的举止浑然天成，没有一丝做作的痕迹，并且完全处于忘我状态。要警惕自己习惯中形成的任何马虎随便，从一开始就要抵制它。

一个绅士即便自己独处时也应该保持自重，不该听任丝毫衣着或者举止的怠慢，不可因为除了仆人没人看见，就穿着卧室的拖鞋来吃早点。那意味着邋遢的开始，而这种邋遢本该在整理好凌乱的床铺后开始吃早点时就终止。

如果任由自己的肉体堕入低级的玩世不恭状态，你的整个人格就会低俗起来。

…………

对一个年轻人来说，没有什么比对长辈表现出适度的顺从和谦虚更能让你得分和显得优雅了。你跟父亲的朋友谈话时如果偶尔用一下“先生”这个看似不起眼的词语，你绝对会获得他们仁慈的好感，那些成年人在职场和闯荡江湖的生涯中对你的提携效果恐怕要远比同龄人大得多。

还有，要学会严格守时，不守时是一个人自私的表现。这种人缺乏有条不紊的习惯，生活方式也凌乱不堪。有人以为参加晚宴时最后一个到达是一种挺高明的伎俩，以为在一个熙熙攘攘的客厅让所有的人都等着他，自己随口宣布一个虚假的借口，入场时便会给人留下深刻的印象。

我对你的忠告是，谨守古训，在生活中恪尽职守，那是上帝最乐于召唤你去过的生活。

自负意味着自以为拥有某些自己其实并不具备的品质。自豪是意识到自己真正具有某些素质，但是却不去炫耀。

…………

（三）文明的习惯

中国教育家叶圣陶先生曾说：“什么是教育？简单地说就是养成习惯。”

德国作家歌德说：“一个人的礼貌就是一面照出他肖像的镜子。”

不久前看到一则报道，说的是新加坡。新加坡是一个英语语言的国家，这个国家公共场所的各种标语大多是用英语书写。但其中的一些文明礼貌的标语，如“不准随地吐痰”“禁止吸烟”“不准进入草坪”等却用中文书写。为什么呢？人家回答：“因为有这些不文明行为的大多数是中国大陆的游客。”为此，到新加坡考察的一位中学校长语重心长地说：“不文明行为也是国耻。” 最近在泰国又出现了单独为其他国家的游客建造的厕所，并明确说明中国游客不准入内。这是对我们国人的最大侮辱，也是我们每个人该审视行为的时候了，的确值得我们反思。

不知大家是否记得，几年前中央电视台报道，国庆节过后的天安门广场，随处可见口香糖残迹。40万平方米的天安门广场上竟有60万块口香糖残渣，有的地方不到1平方米的地面上，竟有9块口香糖污迹，密密麻麻的脏痕与天安门广场的神圣和庄严形成了强烈反差。

以上两个事例表明，文明其实是由细节构成的。反思我们的所作所为，会发现文明离我们还有一段距离。在我们身边，一些人总是脏话、粗话不离口，办公室杂乱无章，甚至排队、让座、红灯禁行等这些基本的文明习惯也没有做好，这恰恰从本质上展现出一个人的思想品质。事实上，良好的行为习惯，是树立健康人格的基础，也是作为我们必备的基本素养。

（四）健康的身体

健康的标准一般包括身体健康和心理健康两部分。

世界卫生组织给身体健康提出了十条标准：

1. 有足够充沛的精力，能从容不迫地应付日常生活和工作的压力。

2. 处事乐观，态度积极，乐于承担责任，不挑剔事务的巨细。

3. 善于休息，睡眠良好。

4. 应变力强，能适应环境的各种变化。

5. 能够抵抗一般性感冒和传染病。

6. 体重得当，身体均匀，站立时，头、肩、臂位置协调。

7. 眼睛明亮，反应敏锐，眼睑不发炎。

8. 牙齿清洁，无空洞，无痛感，牙龈颜色正常，无出血现象。

9. 头发有光泽，无头皮屑。

10. 肌肉、皮肤有弹性，走路感到轻松。

心理健康的三条标准是：

良好的个性：性格温和，意志坚强，感情丰富，具有坦荡胸怀与达观心境。

良好的处世能力：看问题客观现实，具有自我控制能力，适应复杂的社会环境，对事物的变迁能始终保持良好的情绪，能保持对社会外环境与机体内环境的平衡。

良好的人际关系：待人接物能大度和善，不过分计较，能助人为乐。

关于身体健康毋庸多言，我想重点说说心理健康的事情。

先来说说性格温和吧。本来性格应该是一种天性，是与生俱来的一种气质，但当今，激烈的竞争、快节奏的生活，给人们增加了无形的压力，使一些人的心态浮躁得宛若汤煮，归根结底就是缺少一些温和。中国式过马路是凑够一拨人就走，根本不管是否是红灯，因为他们等不及；公共汽车一来，就是两个人也要挤着上，争先恐后；在飞机上，一句挺普通的话也能让人愤怒异常，拳脚相加，等等。这些浮躁的表现实际上是心理不健康的一种表现，是不能正确处理个人情绪的一种反应。

来看看我们的邻国日本吧。中山大学副校长陈春声在东京亲历地震，安全返回广州后为历史系博士生复试考生讲述了自己的经历。陈教授介绍，在东京大地抖动的三分多钟里，街头的交通秩序井然，并没有闯红灯的现象。

陈教授称，在地震的时候，他与其他市民被疏散到广场上，大家都是安静地坐在地上，并不会很慌张，地震完了大家哪里来就哪里去，广场上一点垃圾也没有，“真的就是一点垃圾也没有，这个是绝对的”。他还特别强调了一下，大家都很相信政府。

再来说说看问题“客观现实”这个标准吧。事实上，我们很难在任何事情上做到客观现实，总是以主观意识来主导我们对问题的看法。我们或凭经验、或凭感官、或以先入为主来看待问题。如果是他人的问题，我们还能尽量做到客观，一旦涉及自己的事情或与个人切身利益相关联的问题时，往往就不会客观地去看待，随之而来的也往往是自我控制能力的减弱。

比如，一些家长不能客观地看待孩子的成绩，总认为是孩子不用功、不刻苦造成的，就反复催促孩子用功、努力，逼着孩子考多少多少分，考不到这个分数就打骂孩子，这就是一种明显的心理问题的表现。实际上人的智力是有差别的，学习方法也有差别，承认这种差别才能正确对待孩子的学习和成绩，也才能给孩子定一个适合孩子的奋斗目标，而不是盲目地去争第一、考名校。

我举个例子，大家就很明白了。有的人方位感很差，坐在公交车上，一不留神车拐弯了，就不知道东西南北了，有时都快到家门了，还没认清回家的路。而有的人，即使把他放在一个密闭的空间里，照样能很准确地说出方位来。这种情况不是通过努力就能纠正的，也不是经过刻苦训练就能改变的。同理，人的智能在各方面都不同，在学习上不出色的孩子可能在经商方面有独特的眼光；没有乐感的孩子可能在体育方面有特长；在数学方面不突出的孩子，可能在英语方面很出色等。只有我们正确、客观地去认识和了解孩子，才能让孩子把他最优秀的一面展示出来，也才能充分发挥他的聪明才智。

不久前在微信朋友圈里看到一个视频，题目是《中国国家宣传片，绝对震撼》。我觉得是非常好的一个视频，是客观看待中国现状的一个正能量的片子。该片既不逃避现实，也不全盘否定；既不妄自菲薄，也不沾沾自喜；既有对中国改革开放给国民带来的生活水平的提高，也有经济发展造成的环境污染和生态失衡；既有城管与业主发生冲突的负面影像，也有警察忘我工作的场景；既有高楼大厦，也有平房村庄。这才是一个健康的媒体人应有的心态和认识。这个视频也告诉我们每个人应该怎么去看待问题，站在什么角度去理解问题。它为我们提供了看问题客观现实的典型范本，值得大家去学习和反思。

目前，我国心理不健康的人群在逐渐增多，抑郁、焦虑、恐惧等精神疾病发生率每年都在提高。这些都是人们不注意心理健康引发的，也有的是因为工作的压力、生活不如意，没有放平心态导致的。这种不健康的心理表现也会随着人们情绪的反复异常传染给家庭其他成员，特别是年龄较小的孩子，受不良情绪的影响就更明显一些。因此，家长应该学会心理调适和不良情绪的控制，放平心态，提高个人心理健康水平，给家人一个祥和、温馨、安宁的环境。

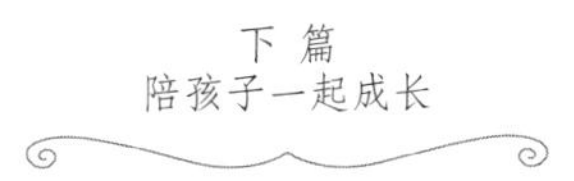

四 适应变化

社会的变化

我们经常听一些家长说，现在的孩子怎么这样啊，我们那时候可不这样，我们小时候大人让干啥就干啥，根本不敢顶嘴，大人一生气，我们就吓得不敢吱声了；现在的孩子可好，你让他干啥他偏不干，你气得都不行了，他反而和没事人一样照样听音乐、玩手机，根本不把你看在眼里，孩子越这样我就越生气，结果非得爆发一场家庭战争才算完事。

有的家长说，现在的孩子脸皮真厚，不知廉耻，小小年纪就和男孩（或女孩）在大街上手拉着手玩，搂搂抱抱，让人都看不下去。早恋的年龄越来越小了，小学的孩子就写情书，就有情敌，还有的为了情敌大打出手，真是不可理解。

其实，这些家长的困惑来源于没有认清社会的变化，也没有及时调整自己去适应社会的变化，所以才有好多的现象看不惯。

我经常跟这些家长说，当你让孩子去学习的时候你在干什么呢？是在看手机吧？孩子不听你说话，是不是你在听孩子说话的时候，眼睛根本没有离开过电脑屏幕或手机？孩子让你跟他玩的时候，你是不是以工作忙或工作累把孩子支到一边去了？孩子早恋的年龄小，是不是我们看到小朋友的时候经常说小美女，也会问孩子幼儿园里有帅哥吗，看上哪个了？

再来想想我们的小时候，家里几乎没有手机、电脑；住的也不像现在这样都是高楼大厦；吃的用的家家都差不多，没有现在的差别这么大；缠着家长玩的不多，都是去找小朋友玩；媒体也没有现在这么多，节目也没有现在这么多花样；从来也没听说过选秀节目、相亲节目，更很少有一夜成名的事情发生；全家人在一起看电视节目，不会担心出现少儿不宜的画面；一个动画片就能让孩子老老实实地坐在板凳上。是不是这样啊？

这样一说，大家可能有体会吧。所以，不要总是对孩子说你这孩子咋这样呢，我们小时候可不这样；你哪点像我啊，完全是一个四六不通的孩子；我们辛辛苦苦把你拉扯大，容易吗，也不知道体谅体谅我们；现在的社会竞争这么激烈，长大后还得买房子，你不考上好大学，将来连个媳妇也娶不上。说着说着，是不是就回到父母那代人的口气上去了。

所以说，社会在变化，环境在变化，人们的意识在变化，当然我们教育孩子的方式也应该跟着变化才行啊。

我们家长需要跟上时代的步伐，眼界放宽，不要总是盯着孩子的一举一动。要先把自己融入变化的社会中，才能看惯现在的孩子的所作所为，才能根据现在的观念去有针对性地教育和引导孩子，而不是一味地和过去比，和自己小时候比，这只会使得代沟越来越深，而无法真正走进孩子的内心世界。

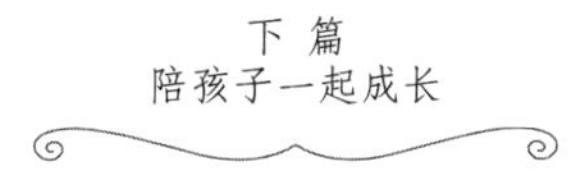

科技的变化

随着科学技术的突飞猛进，现代科技带给我们生活的便利和轻松，也让我们享受到了更多的科技成果和乐趣。像网络购物、手机转账、刷卡消费、高铁出行等已经和我们的生活紧密地联系在一起，也已经成为我们基本生活方式了。随着新科技的不断出现，很多家长也都能接受和适应这些新科技的发展和使用，这些都不用我们担心。

我想说的是，家长在使用这些新产品和科技成果的时候，孩子也在迅速地学习和使用，并且一些孩子比家长学得还快。但是一些孩子学习和使用的新科技、新产品，作为家长是否也跟着学习和使用呢？

比如电脑，进入普通家庭也有20年历史了，我想问一问家长们，现在你家的电脑都用来干什么呢？是不是成了一个游戏机？一个网络电视机？电子版的报纸和杂志？现在好多家长就是把电脑当成了这些，其他的功能基本都不用，也不会用，只是用来玩游戏和看视频、新闻。可是我们的孩子会利用电脑制作PPT、制作动画相册、制作3D图片；有的孩子能建立网站、开发软件、安装外设；还有的孩子开起了网店，当上了小老板。这可是真实的现象啊，也是我亲眼看到的情形。在这方面我们家长就明显落伍了，根本不能和孩子们比。

再说一下学车的事吧。现在家庭轿车已经不再是奢侈品，而是一个出行的交通工具，会开车也应该是我们掌握的一项基本技能。可是就有些家长不学，还会说出很多理由，比如不敢学、害怕教练批评，还有的是怕危险，反正这类家长认为不会开车，也不影响自己的生活，即使偶尔有出行需要，打车也很方便，没必要全家人都学会开车，有一个会的就行了。其实这种心态已经不适应当代社会的发展了，也会阻碍个人的发展和成长。因为你的心态已经老了，没有了年轻人那种学习的冲动和尝试新事物的激情了。美国早在2009年就已经成功研制了飞行汽车，既可以在公路上行驶，也可以在空中飞行，2010年就允许投入商业性生产了，这种新型的交通工具离我们都这么近了，我们却还在纠结是否去学开汽车，差距真是太大了。

所以说，面对这些科技的变化和发展，不是我们愿不愿意接受的问题，而是我们如何去使用和掌握的问题。

环境的变化

我们每个人出身不同，生长的环境不同，接受的教育不同，在社会上遇到的问题就可能不同。

这是来咨询的一位家长。他来自农村，经过自己的努力考上了理想的大学，毕业后来到了一个基层工作，他努力地把工作做好，希望能得到提拔和重用，结果单位来了一个领导的孩子，不到一年就得到了提拔和重用，又过了一年竟调到市里去了，还成了他的直接上级。环境改变了，他的心态也发展了变化，他自卑、气愤、无奈，工作中的干劲也逐渐降低了。他无法理解现在的社会，更无法接受这种不公平的现状。回家后更是唉声叹气，为自己的出身低微而焦躁和愤怒。为此，他把改变命运的希望全都寄托在了孩子身上，整天逼着孩子努力学习，要考第一，要出人头地，结果孩子不堪忍受爸爸的这种压力，离家出走了。正是这位家长没能适应环境，结果一个比较幸福的家庭变得不再完整了。

还有一个孩子不能适应环境的改变而无法上学的案例。这个孩子在小学的时候一直比较优秀，能歌善舞，多才多艺，老师们都很喜欢她。但上了初中以后，优秀的孩子很多，她不再是老师关注的对象，一时间也无法适应学习，她的成绩也不理想。这时候妈妈就通过熟人把孩子转到了另外一个学校。但这两个学校的学习进度不完全一致，本来孩子就有学习上的压力，这又增加了进度的差异。孩子一时很难适应，回家后又逼着妈妈去给她换学校。这个妈妈没有从孩子的问题出发，寻找解决的办法，而是想每次通过改变外在的环境来解决孩子的问题。结果这次妈妈没有给孩子转学成功，孩子实在待不下去了，就只好退学了。经过仔细询问后，原来孩子的妈妈也经常跳槽，在哪个单位工作时间都不长，一点不顺心就辞职，最后干脆就在家当起了全职太太。

在日常生活和工作中，很多人都会被身边的一些事情和环境所困扰，认为别人对自己不好，自己所处的环境就太坏。于是这些人心里就产生不平衡，脾气也变得暴躁，生活质量下降，工作的激情也受到影响，工作的质量就跟着每况愈下。长期下去，不但环境没改变，别人也没有丝毫的改变，反倒是自己为此吃了不少亏。与其一味地抱怨，不如学着去改变自己。很多时候，我们没有办法选择自己生存的环境，但用心去“改变自己”，却是容易做到的。不断地改变心态，可以将恶劣的环境变成对自己有利的环境。埋怨环境，我们可以找一百个理由，但都没用。可是改变自己，只要今天去做，明天就会发现自己身上已经发生了翻天覆地的变化。所以，埋怨环境，不如改变自身，使自己“脱胎换骨”。这个过程可能很难，也有可能是痛苦的，就像被移植的大树，要砍去树枝，承受长时间的苦痛，但苦痛之后，却是再度的葱茏。

人们常常在希望中绝望，在绝望中放弃，在放弃中失去了自我，失去了对自己的信心。面对不好的环境，也许每个人都埋怨过，灰心过，也等待过，想等待环境好了，自己再好好做；面对不好的环境，很多人不是千方百计想办法战胜困难，而是先指责一番，用黄金般宝贵的光阴，换来无用的指责埋怨。其实，太多的时候，我们是在想象中将困难扩大，如果你稍做一下改变，就会得到“柳暗花明又一村”的惊喜。只有这样，才能克服更多的困难，战胜更多的挫折，实现自我。如果看不到自己的缺点与不足，却只是一味地埋怨环境不利，就会把改变境遇的希望寄托在改换环境上，这实在是徒劳无益，因为你再换环境，不懂得去适应，其结果还是不能成功。

改变自己不是要你放弃自己的原则，而是让自己有更多的平台、更多的机会来实现自己的理想；改变自己不是妥协，是一种以退为进的明智选择。

生活不是你想要什么就会是什么的，也不是凭借一己之力就能够改变整个大环境的，既然环境与生活不能改变，那就试图去改变自己吧。

最后，我想提醒一下女性朋友们，无论社会如何变化，我们的地位如何提高，都不能改变我们在家庭中相夫教子的角色，也不能改变我们是孩子成长中的最重要的导师的角色。请记住这样一句话：母亲不成长，孩子定矮化。

学会学习、学会成长吧，只有把自己修炼好了，孩子才能没有问题。就这么简单，试试看！

愿天下父母都不再为子女而忧心，愿天下子女都成为父母的骄傲！

后　记

随着最后一句话的结束，我的第一本专著算是完成了，时间正好是2016年4月16日，这是一个值得纪念的日子，也是我的结婚纪念日。从1986年的4月16日起，我有了自己的小家庭，开始了为人妻、为人母的生活，经过了30年的学习和成长，我的家庭和睦，儿子事业初成，很是欣慰。在丈夫的默默支持下，在儿子的不断鼓励下，我开始动笔写作，将我的经验、经历以和家长说说心里话的方式，把它们写了出来。其目的无非是和现在的父母们分享一下我的幸福和快乐，也能给年轻的父母们一些经验和启示。

这本书的内容都是生活中的一些小片段和小经历，本意并不是让年轻的父母们去照着做，只是想，读者们如果能在读这本书的时候，对照一下自己的状态，适当进行一些改变和修正，就是我最大的心愿了。

在此，需要特别感谢的是，教育部访问学者、山东省创新教师、章丘四中的王晶华老师的无私帮助和指点，王老师的鼓励是我完成这本书的最大的动力。

还有济南市章丘区教师进修学校的老师们帮着排版和整理，在此一并感谢！